2009년 6월
유네스코에서
세계문화유산
으로 등재됨

예술적·역사적 가치로 본 조선의 왕릉

朝鮮王陵

공주대학교 문화재보존과학과 교수
서정호 지음

신아사

조선의 왕릉

예술적·역사적 가치로 본

목차

저자

鼎麟정린 서정호

저자는 현재 국립공주대학교 자연과학대학 문화재보존과학과 교수로 재직중이며, 국립공주대학교 백제문화원형복원센터(BCRC) 소장을 역임하고, 문화재보존과학연구소 소장을 맡고 있다. 문화재보존과학 연구분야의 저서로는 〈문화재를 위한 보존방법론〉, 〈문화재 현장실습〉, 〈아름다운 전통한옥 기행〉, 〈한옥의 美〉 등이 있다. 특히, 〈한옥의 美〉는 교과부 우수학술도서로 선정되고, 2010년 베스트셀러로 선정되었다. 건축학을 전공했고, 일본 규슈 대학에서 건축학박사 학위를 받았다. 관련 연구 논문은 최근 5년간 "유구이전용 에폭시 폴리머의 토양 침투도와 관련된 물성에 관한 고찰" 등 학술논문 2,670 Point (약 KCI급 이상 21편), 문화재관련 저서 5권, 문화재보존처리 관련 보고서로는 〈용주사 대웅보전 해체수리 보고서〉, 〈칠장사 사천왕상〉 등에서 단청의 안료의 성분분석 등 과학적 분석과 벽화보존처리, 지류보존처리 등 다양한 소재에 대한 보존처리와 과학적 연구 보고서가 약 35편 이상 최근에 보고하였다. 특히 국립문화재연구소에서 시행하는 석조문화재관련 R/D 연구책임자로 〈석조문화재 재해발생 예측 진단시스템 개발〉을 수행하였으

며, 지진이나 자연재해가 야외 석조문화재에 미치는 영향을 판단하여, GIS System을 이용한 중요문화재의 현재의 상태를 진단하는 Network화 할 수 있는 프로그램을 개발하여 제시하였다.

한편 경기도문화재위원, 하남시향토문화재위원, 아산시향토문화재위원 충청남도 사립박물관 및 사립미술관 진흥위원회 위원 등을 역임하며, 풍화되거나 훼손된 야외 석조문화재 및 건축문화재의 기술 자문을 실시하였으며, 보존처리방법을 자문하고 있다. 최근에는 목재유물이나 유구이전을 위한 약품처리제의 개발에 관심을 갖고, 박사논문과 석사논문을 지도하여 유능한 석·박사를 배출하였다. 그리고 고고학적, 미술사적 연구에 자연과학적 연구를 조합하는 백제시대 환두대두의 제작기법, 백제시대 타날문토기 제작기법, 조선시대 목판의 제작기법, 전통옹기의 기술보존 등 테크니컬한 part의 연구에 관심을 갖고 논문을 지도하였다. 또한 자연재해로부터 노출된 조선왕릉(세계문화유산)의 석물들의 풍화 원인과 보존대책에 대한 학위논문을 지도 배출하였다.

경주 괘릉의 문석인

예술적 · 역사적 가치로 본 조선의 왕릉

이 책을 펴내면서

나는 어느 날부터인가 조선시대부터 내려 온 전통 있는 고택을 답사하면서 살아 있는 사람들의 공간인 한옥에서 아름다움을 찾아 전국을 여행 다녔다. 그리고 다녀온 그 집에서 생활하던 사람들의 생활철학을 발견하고서 한국의 아름다움을 느끼고 감동을 받아 글로 옮기는 작업에 몰두하였다. 한옥, 기와집으로 된 소위 양반집들을 보면서 지역마다 배치가 다르고 크기가 다른 외형적인 차이뿐만 아니라 집집마다 그들만의 소중한 공간과 공간 간의 동선 이음에 특별한 의미가 부여되어 있다는 것을 알게 되었다. 그리고 그곳에서 선조들의 지혜로움이 주는 아름다움에 감동하여 생활공간에서 발견하는 철학과 멋을 글로 옮겨왔다.

그러던 어느 날 죽음의 공간에 대한 아름다움을 이야기 할 수 없을까 하는 생각이 들었고 그 마음이 이번의 책으로 옮겨지게 하였다. 수백 년 역사가 이어져 내려온 전통마을을 찾아가 보면 마을 어귀나 뒷동산 햇볕이 따스하고 바람이 아늑하게 모여지는 가까운 곳에 조상들이 모셔져 있다. 우리 민족은 조상들이 죽어서 영원히 떠나는 것이 아니고 후손들의 곁에서 항상 돌봐준다고 생각하는 내세관을 간직하고 있기 때문에 제사라는 행위가 전통 있게 전해지고 있는 것이다. 집안의 주인은 그 집에서도 가장 대지가 높고 햇볕이 잘 드는 동향東向이나 전망이 좋은 곳에 사당을 만들어 놓고 매일 아침마다 그곳에 가서 하루의 안녕을 비는 것으로 하루를 시작했다. 이것은 나라님도 같은 생활과 생각으로 우리 민족만의 전통이 되어 왔다. 왕궁은 나라의 가장인 용이 사는 곳이다. 그 용이 하늘로 오르면 용들은 풍수지리적으로 가장 햇볕이 따스하고 바람이 아늑하게 모여지는 가까운 곳에 자리를 잡고 후대 왕들의 정신적인 지주가 되었던 것이다. 나는 그들을 만나기 위하여 마음으로 찾는 아름다운 집인 왕릉을 찾게 되었다. 단풍이 아름답게 물드는 가을 날, 고즈넉한 왕릉의 길을 걸었다. 정자각 너머로 아스라이 펼쳐지는 잔디밭 위에 우리 민족의 나무인 소나무가 감싸고 있고 무석인의 얼굴과 왕이 잠들어 있는 봉분의 끝을 살짝 보면서 보이지 않는 그곳 위를 그리게 되었다.

사람은 산을 보면서 산 너머의 아름다움을 머리에 그리게 된다. 그리고 그곳이 궁금하여 언젠가는 그곳에 가본다. 그러나 실제로 가보면, 보이던 것보다 더 이상의 아름다움을 발견하지 못하게 되고 우리의 허망과 신비로움은 그것으로 실체를 잃게 된다. 그러나 왕릉에서 만난 산 같은 사초지 너머는 아름다운 조상들의 공예 예술과 철학, 건축학 등 온갖 종합예술의 화려한 전시장이며, 능원 주인의 살아생전의 모습들을 우리에게 보여 주고 실록의 현장에 타임머신을 타고 간 것 같은 환희를 느끼게 해 주는 산이었다. 봉분을 장식한 꽃무늬와 구름무늬 병풍석, 그리고 잠들어 있는 왕의 명복을 비는 석양과 돌 호랑이의 다양한 표정은 매우 사실적으로 표현되어 있다. 그 뿐만이 아니라 혼유석 앞에 서서 천상의 길을 밝혀주는 아름다운 장명등, 언제라도 명령을 받들겠다고 긴장한 문석인, 능원에 누군가 얼씬거리면 당장이라도 단번에 무찌를 것 같은 무석인의 모습은 왕릉마다 다르고 표정 또한 다르기에 보면 볼수록 조각 예술에 놀라고, 표정에 놀라고 조상들의 상상력에 놀라게 되는 장소다.

한편, 왕릉은 매우 폐쇄적인 공간이고 정적인 공간이다. 그리고 산 너머에 숨어 있는 새둥지처럼 좀처럼 보기가 어려운 곳이다. 그러기에 멀리서만 보던 나는 문화재보존과학을 전공하면서 학생들에게 왕릉의 지금의 모습을 알 수 있는 방법으로 보존과학자 같은 발상을 하게 되었다.

세계문화유산에 등재되면서 세계인의 주목을 받는 그곳, 500여년 세월이 흐르고 도시의 산업화로 공해에 찌든 공기로 호흡하는 그곳에의 왕릉이 안녕하신지 궁금하였다. 또한 수천 년, 후손에게 조상의 아름다운 문화유산을 온전히 전달할 수 있는가에 대한 관심이 생겼다. 아름다운 석공의 조각 공예의 예술품이 검은옷을 입은 것처럼 이끼가 자라고 있고, 오염된 공기와 암석과의 만남에서 화학 반응이 일어나 힘들어하는 모습을 보게 되었다. 이것은 나에게 보여진 또 다른 왕릉의 충격적인 얼굴이었다.

왕릉이 2009년 6월 유네스코에서 세계문화유산으로 등재되면서, 국민들의 관심 속에 왕릉에 관련한 여러 책들이 소개되었다. 풍수지리적인 방법을 중심으로 전개하는 책과 실록을 바탕으로 하는 왕의 살아생전에 있었던 일들을 드라마처럼 소개하는 형식도 있다. 또한 연구자들에 의해 그동안 이루어졌던 부분은 왕릉의 능역 배치, 입지 및 공간특성, 능역의 정비방안 등 왕릉의 건축 · 조경적인 연구와 석인 · 석수의 조형성, 양식, 복식 연구 등, 석물의 미술사적 연구에 치우쳐져 전문가가 아니고는 이해하기 힘들었다.

이 책에서는 왕릉을 찾는 남녀노소, 전문가, 비전문가의 구분 없이 현재 왕릉이 가지고 있는 느낌을 그대로 전달하고자 하는 것을 목적으로 쉽게 이해할 수 있는 표현방법을 사용하였다. 그리고 왕릉의 조형물과 건물들의 예술적 · 역사적 가치를 중심으로 각각의 왕릉의 특징을 소개하였다.

아울러 답사하듯 눈으로 보이는 그대로의 모습을 통해 자연의 풍광과 어울리는 왕릉의 아름다움을 사실적으로 묘사하였다. 특히, 석상들의 표정을 사진으로 많이 실어 선조들의 예술적인 감각과 우수성도 함께 전달하고자 하였다. 그리고 책의 전개는 왕릉으로 가는 안내도와 짧은 만남 속에서 꼭 보아야 할 각각의 왕릉의 모습을 순서적으로 전개하였다. 이 책을 읽고 궁궐이나 숭례문만이 아닌 서울 근방에 한국을 알 수 있는 또 다른 세계문화유산인 왕릉이 있음이 알려지길 바란다.

임진년(壬辰年) 용의 해

왕릉에서 만난 용龍을 이야기하며

鼎麟 서정호

우리나라 왕릉의 발생과 모습

한반도에는 일찍이 선사시대부터 사람이 살아오면서 그들이 삶의 발자취인 생활 유적과 함께 죽음을 애도하는 의미로서 무덤이 생겨나게 되었다. 그러한 관습은 부족사회에서 계급사회로 변하는 과정에서 경건하고 엄숙한 분위기의 축조 규칙을 갖게 되었고, 계급에 따른 다양한 규모의 무덤들이 나타나기 시작했다. 한반도에서는 대부분, 대륙으로부터 불교를 받아들이면서 불교 관습에 따른 장묘제도가 중심으로 자리하게 되었으나, 지방적인 특색과 관습이 접목되어 이러한 장묘제도에는 건축술의 발전과 함께 다양한 방법이 사용되었다. 이렇게 불교와 함께 고분의 건축기법에 커다란 영향을 끼치던 시대의 한반도에서는 고구려, 신라, 백제, 가야라는 커다란 부족국가가 한반도를 비롯한 지금의 러시아와 중국의 내몽고 아래까지 널따란 영토를 가지고 지배하고 있었다. 그 결과 강력한 힘을 갖고 있었던 국가인 고구려는 대형 석실을 만들고 그 안에는 살아 있을 때의 생활의 모습을 그대로 벽화로 남기는 풍습을 갖고 있었다. 그 벽화의 회화성과 예술성 및 고분의 축성술의 가치는 대단한 것이어서 이 또한 세계문화유산에 등재되어 있다. 그 외에도 가야시대의 커다란 대형고분들은 순장제도라는 독특한 장례풍습에 의하여 산 위의 능선을 따라 커다란 하나의 봉분 중심에 부족장의 무덤을 두고, 그 주위에 살아 있었을 때, 묘주가 데리고 있던 신하들의 무덤을 배치하였다. 이 묘들을 하나처럼 둥근 봉우리 모양으로 만든 독특한 묘제墓制가 있었다. 신라에서도 커다란 고분을 궁성안의 평탄한 대지에 배치하였는데, 그 규모가 지금도 산처럼 커다랗게 되어 있어 당시의 도성이었던 경주는 커다란 고분들이 도시의 경관을 좌우하는 중심 이미지로 자리하고 있다. 이러한 왕릉의 외형적인 모습은 무덤의 구역 표시인 자연석의 간단한 호석이라는 돌을 무덤 주위에 네 방향에 하나씩 두는 형태를 띠고 있었다. 그러나 시간이 흐르면서, 왕릉들은 조선시대 왕릉에서 나타나는 왕과 왕비의 묘를 분리하여 옆으로 나란히 배치되는 모습의 형태가 나타나기 시작하는데 경주의 대릉원에 가면 이러한 모습의 왕릉을 볼 수가 있다. 그리고 왕릉을 지키는 석인石人과 돌사자들이 호위하는 배치 모습도 나타나기 시작한다. 당시 백제에서는 지금의 서울 송파구의 몽촌토성 안에 고구려시대 양식을 닮은 피라미드형 석실 봉분의 모습을 보이고 있다. 그리고 후기 백제시대에는 공주와 부여에 도성을 옮기면서 전돌로 만든 전축분이라는 중국의 새로운 묘제가 유입되고, 횡혈식 석실분의 모습으로 발전하게 된다.

한편, 한반도는 북쪽으로 고구려가 없어지면서 생겨난 발해라는 고구려 유민들이 만든 국가가 생겨나고 남쪽으로는 통일신라라는 나라가 자리하게 된다. 특히 북쪽지방에 자리하던 발해의 왕릉이나 귀족들의 무덤에서 무덤 위에 전돌로 만든 탑을 세우는 예禮가 새로운 묘제墓制로 한반도에 나타나기도 하였다.

이러하듯 한반도의 왕릉은 시간이 흐르면서 예禮의 실천을 근본으로 하는 성리학사상과 맞물려 새로운 양식의 묘제들이 만들어지게 되었다. 삼국시대 이후 나타난 다양한 묘제들은 고려시대에 이미 완성된 왕릉의 모습이 조선시대로 들어오면서 지금 우리가 묘역을 꾸미는 모습인 봉분을 만들고 봉분을 지키는 석인石人들을 전면에 배치하는 양식으로 정립하는 단계가 되었다. 특히, 조선시대의 왕릉의 묘제는 성리학이라는 사상을 기초로 조선시대 500여년간을 거치면서 지금과 같이 정형화된 형태의 묘의 모습을 갖추게 되었다. 또한 장묘제도를 통하여 사상적으로도 조상을 모시는 방법들이 사후세계를 생각하는 규칙들로 확고한 체제를 갖추게 된다. 예를 들자면, 사후세계를 인도하는 석상들과 제사를 치르는 장소인 정자각, 그리고 제사에 사용하는 도구를 항시 비치하는 수라간과 수복방이라는 건물을 두고, 왕릉의 초입에는 왕릉을 지키기 위해 안채와 문간채를 갖춘 주택을 두어 제사를 지내러 오는 왕과 신하들이 기거하는 공간을 마련해 두기도 하였다. 이러한 형식을 갖춘 조선왕릉은 조선 왕조 왕의 무덤으로서, 1392년 태조가 조선을 건국한 이래 519년 동안 총 42기가 조영되었다. 이렇게 조성된 왕릉들이 훼손 없이 존재하는 조선왕릉의 역사적, 학술적 가치는 유교와 동양 전통사상의 조화 속에서 발전해온 역사적 유산이며, 동일한 원리로 조성된 조선 장묘葬墓문화의 산물이다. 조선시대 왕릉 개개의 완전성은 물론이고 역대 왕과 왕비의 능陵이 그 형태를 완전한 모습으로 보존되어 우리나라 역사에 살아있는 중요한 유산이 되었다.

역사적 유산으로 조선왕릉이 자리한 배경의 모습을 살펴보면, 먼저 음택론으로서 풍수사상에 근거한 지형을 선택하고 왕릉을 조성하였다. 특히, 조선시대에는 왕릉으로 자리를 잡으면 그곳에서 십리 안에 있던 묘들은 전부 다른 곳으로 이장하는 엄격한 규율이 있었다. 그 예로 서오릉이 자리하면서 은평구 주변으로 많은 무덤들이 옮겨져 새로운 모습의 묘역이 나타나기도 하였다. 그곳에 가면 시대와 배치에 관계없이 벼슬을 한 양반들의 많은 비석들이 집단적으로 세워져 있는데, 이 무덤들은 조선시대 왕릉의 엄격한 묘제 규율을 따르면서 생겨난 모습들이다. 그리고 "살아서는 진천 죽어서는 용인"이라는 말도 생겨나게 되었는데, 이는 왕릉의 조성에 의하여 밀려난 사대부들의 묘가 남쪽으로 밀려오는 마지막 지역이 지금의 충북 진천 땅이라 이곳 사람들이 이것을 막아보려고 만들어 낸 말이다.

조선시대 왕릉의 배치를 살펴보면, 크게 두 영역으로 나누어 볼 수 있다. 하나는 산자의 공간인 소위 속계俗界라는 곳과 죽은이가 산다는 영계靈界라는 지역으로 구분할 수 있다. 먼저 속계는 재실로 능의 제사를 지내기 위해 왕을 비롯한 제관들이 묵는 살림집의 건물로 능의 영역 초입에 자리하고 있다. 이 건물은 별도의 담장 안에 "ㅁ"자형 평면을 가진 일반적인 주택이지만, 기와로 잘 지은 건물이다. 그리고 능을 지키는데 어려움이 없도록 하는 이에게 참봉이라는 벼슬을 내려주었다. 재실을 지나면 우리가 사는 소위 속계俗界라는 영역과 별도로 그 경계에는 작은 개울의 돌다리를 넘게 되면서 구분된다. 이것을 금천교禁川橋라고 부르는데 물이라는 소재를 통하여 벽사辟邪의 의미를 포함하면서 경건한 마음으로 예의를 표현한 특별한 공간으로 출입의 시작을 의미한다. 물은 인간의 생명수의 의미도 있지만, 사악한 기운으로부터 지키는 방패로서의 의미를 갖고 있다고 우리 조상들은 여겨 왔다. 두 번째 영역으로 금천교를 지나면 홍살문을 지나고 참도라는 특별한 길을 따라 능침 공간으로 들어서게 된다. 지금도 종교의식에 사용하는 소재 중 물이 생명과 소생의 근원으로 사용하는 것을 생각하면 이해가 쉬울 것이다. 이러한 모습은 궁궐에서도 찾아 볼 수 있다. 왕릉에서는 금천교를 넘으면 바로 홍살문이 자리한다. 홍살문을 지나면 넓게 펼쳐진 잔디밭 정면으로 참도가 끝나는 지점에 정자각이라는 제사공간이 나타나고, 정자각 뒤편으로 높게 만들어진 언덕 위에 왕과 왕비의 묘가 자리하는 조선왕릉의 일반적인 전경이 한눈에 들어온다. 특히, 넓게 펼쳐진 능묘의 영역 주위에는 소나무가 심어져 있다. 소나무는 십장생(가장 오래 산다는 살아있는 생명체의 하나를 일컬음)의 하나이면서 한국인이 가장 사랑하는 나무의 하나이고 왕의 나무라고 우리 조상들은 생각해 왔다. 왕릉에 가면 사시사철 푸르른 소나무가 주변으로 호위하듯 배열되어 있는 것을 볼 수 있다. 이 소나무들은 특이하게도 전부 능역 안쪽으로 고개를 숙이고 자라는 모습을 하고 있는데, 햇빛이 잘 들고 바람이 잘 통하는 방향으로 자라는 것이 이치이지만, 세월의 느낌이 좋은 커다란 소나무들의 배열은 마치 왕에 대한 예의를 함께 따르는 듯하다.

능의 주변을 살펴보자. 무덤의 주인을 위하여 봉분의 둘레와 전면에 석재로 조각한 석인과 석물들이 배치되어 있다. 이 석물들은 죽은자의 영계靈界를 지키는 의미로 능침 공간의 능실을 보호하고 죽은 영혼인 왕이나 왕비의 영원한 안식의 공간으로 만들고자 하기 위함이다. 석물의 배치는 한반도에서는 경주에 가면 통일신라시대에 원성왕릉과 같은 곳에서도 발견되지만, 문헌으로는 조선 전기 『국조오례의』에 그 규정이 기록되어 있다. 『국조오례의』에는 봉분의 모습과 그를 보호하는 울타리인 곡장과 병풍석 · 난간석을 두르고 주변으로는 석양(돌로 만든 양) 및 석호(돌로 만든 호랑이) · 석마(돌로 만든 말)를 배치하고 있다. 특히 석호와 석마는 돌로 만든 동물들로 봉분을 등에 지고 사방을 지키는 모습을 하고 있다. 또한 봉분 앞으로는 망주석 · 혼유석 · 장명등 · 문석인과 무석인이 배치되어 있는데, 이 또한 종류와 설치 방법, 위치, 치수 등이 구체적으로 언급되어 있다. 그리고 『산릉도감의궤』에 당시의 조성 배경 및 석물 양식의 변화, 석물의 제작자, 조성비용과 날짜까지 기록되어 있는데, 능을 조성하기 위하여 동원되는 인력이 약 500여명이고, 기간은 약 5개월 정도 걸려 축조하였다고 한다. 많은 노동력이 투자되는 이 작업은 국가의 대단한 토목작업의 하나였을 것이다. 그러한 선조들의 노력의 결과로 왕릉 주위에 마련된 석상들의 표정이 다양하게 표현하고 있으며 섬세한 조각 공예술은 역사적, 학문적으로도 가치가 매우 높다. 더욱이 조선왕조 약 500여년간 제작되어 온전하게 보존되어 있었기에 조선시대 복식사와 장례풍습을 이해하는데 귀중한 자료가 되었다. 이러한 가치가 높게 인정되어 세계유산목록에 등재(2009년 6월 30일)되었고 우리나라 민족의 문화유산이 아닌 인류의 보편적이고 뛰어난 가치를 지닌 유산으로 인정받게 되는 영광을 갖게 되었다.

그러나 이러한 문화유산인 조선왕릉은 우리나라를 찾는 외국인들에게 홍보 책자나 관광 여행사들의 효과적인 관광 계획이 없어 가깝고도 먼 문화유산이 되었다. 그래서 이 책에서는 서울을 중심으로 배치된 왕릉이 있으면서도 안내의 부족으로 접근이 어려웠던 왕릉을 쉽게 이해하고 누구나 여행을 할 수 있는 법을 소개하고 싶다. 문화재보존과학이라는 학과에서 제자를 가르치고 문화재 위원이라는 임무를 수행하면서 지금까지 한국의 서울을 찾는 여행객들에게 경복궁이나 창덕궁, 덕수궁과 같은 왕의 살아생전의 주택과 함께 그들이 사후에 살고 있는 음택인 왕릉을 소개하는 것은 다른 나라에서는 도저히 생각할 수 없는 하나의 자랑거리라고 열변을 토해 왔다. 특히 세계문화유산인 궁궐과 왕릉, 그리고 제사를 지내는 종묘宗廟는 세 개를 하나로 연결했을 경우에 더욱 조선시대 왕들의 생활사의 멋과 품위를 이해할 수 있어서 한반도 역사를 이해하는데도 중요한 문화유산으로 의미가 있다.

한반도 왕릉의 모습은 어떠했을까

한반도에는 시대를 달리하는 많은 왕릉들이 있었을 것이다. 그러나 이들 왕들의 묘를 정확히 알 수 없는 경우가 대부분으로 계급의 상징이던 보검이나 장식된 환두대두의 손잡이 부분에 용무늬나 삼엽문 등이 있거나 금제 귀거리耳飾, 팔찌 등이 발굴되면 부장급 고분으로 부르고 있다. 그 이유로 왕릉급 무덤이 아니면, 현재의 지명을 따서 송산리 고분군, 능산리 고분군, 고령 고분군 등의 지명地名을 붙여져 왔다. 그러던 중 백제 무열왕릉에서 왕의 이름과 살아생전의 모습을 글로 새긴 지석이 발견되면서 한반도 최초의 왕릉의 모습이 공식적으로 확인되었다. 그 후 묘주를 알 수 있는 왕릉들은 통일신라시대로 접어들면서 발굴은 되지 않았지만, 문헌의 기록이 남아 대부분 왕릉의 묘주를 알게 되었다. 더욱이 이 시대 왕릉의 일부는 현재의 조선왕릉처럼 자연의 명당자리에 자리를 하고 봉분 주변으로 봉분을 지키는 사자의 모습을 한 석수石獸가 주변을 호위하고 방향을 나타내는 십이지상을 조각하는 병풍석을 갖추고 있었다. 봉분을 지키는 사자는 우리나라 왕릉에서만 볼 수 있는 특별한 석사자이다. 특히 봉분의 전면에도 조선왕릉에서 나타나는 석인石人을 좌우에 배치하고 왕릉의 동쪽방향에 커다란 거북이 등을 타고 묘주의 행적을 나타내는 비석을 세워진 배치 모습을 하고 있다. 또한 왕릉 주변에서는 왕릉을 지키거나 이에 관련이 있을 것 같은 건물, 즉 조선왕릉에서 보이는 수복방과 같은 건물이 있었을 것으로 짐작되는 건물에 사용했던 연화문 와당과 기와들이 초입의 소나무 숲에 넓게 흩어져 있는 것도 발견된다. 이와 같이 조선왕릉의 구조적인 질서는 통일신라시대 왕릉의 일부에서 보여지는데, 이들 석물들에서 매우 사실적이고 아름다운 조상들의 조각술을 볼 수 있다. 따라서 조선왕릉을 살펴보기 전에 조선왕릉의 구조적인 모습의 발자취를 따라가기 위해 경주에 있는 통일신라시대 왕릉을 가보자.

왕릉으로의 시간 여행을 위해 신라시대 도읍지인 경주로 발길을 재촉해 보자. 그곳에 가면 시간을 달리하는 왕들의 무덤을 한 곳에서 만날 수가 있다. 경주에 있는 신라시대 왕릉의 입지를 살펴보면, 흥미로운 점은 고려시대와 조선시대의 왕릉들은 하나같이 풍수도참사상에 입각하여, 소위 배산임수에 어울리는 지형에 자리를 잡고 있는데, 경주의 옛 신라 왕릉들은 반드시 그렇지가 않다는 사실이다. 경주 일대에는 평지에 자리 잡은 능이 있는가 하면 약간 구릉진 언덕 위에 자리하기도 하고, 또한 문무왕릉처럼 독특하게 동해바다 수중水中에 산골한 능도 있다. 그리고 일부의 능에서는 석상들을 묘 앞에 세우고 12지상을 세워 조선시대 왕릉의 규칙과 같은 선례先例를 보이기도 한다. 그런데 왜 통일신라 왕릉은 병풍석에 12지상을 조각하여 놓았는가? 의문이 갈 수 있다. 돌을 무덤 둘레에 쌓은 병풍석에 대한 한반도에서의 시원은 삼국시대로 볼 수 있다. 고구려의 옛 도읍지인 중국의 집안에 가면 압록강이 내려다보이는 시내의 북쪽 구릉 위에 사각형의 잘 다듬어진 장방형의 거대한 석재로 만든 고구려 장군총이 자리한다. 장군총의 축성술에 감탄사가 절로 나오지만, 석실에 기대어 놓은 전혀 가공되지 않은 4면에 세 개씩 기대어 놓은 석재의 용도를 의심하게 하는데 이를 학자들은 무덤을 보호하는 호석으로 부른다. 즉 12지상의 시원으로 볼 수 있기 때문이다. 그 가까운 발치에 있는 천추총에서도 그 자취를 찾을 수 있다. 이런 기술이 통일신라시대에는 조각예술의 기술이 더해져 십이지신상의 호석을 만들었을 것으로 생각해 볼 수 있다. 이러한 모습은 주변국가인 중국이나 일본에서 볼 수 없는 고유한 왕릉의 양식이며, 역사적으로 통일신라시대 때에 당나라로부터 새로운 묘제墓制가 도입되어 이것이 고려를 거쳐서 지금의 조선시대 왕릉에 정착하여 우리의 고유 양식으로 된 것이다. 따라서 조선시대 왕릉의 모습을 설명하기 전에 통일신라시대의 왕릉 중 석상과 병풍석을 갖춘 경덕왕릉, 흥덕왕릉, 원성왕릉, 성덕왕릉을 알아보는 일은 매우 흥미로운 접근방법이 될 수 있어 소개하고자 한다. 이 책에서는 소개하지 않았지만, 능지탑과 김유신묘도 12지신상과 병풍석이 있는 유적이다.

통일신라 왕릉의 외형적으로 인상적인 특징을 살펴보자면, 왕릉으로 오르는 길에는 반듯이 소나무가 호위하듯 서 있는 모습에 장관을 이룬다. 이러한 모습은 조선시대 왕릉에서도 볼 수 있는 풍경이다. 예부터 우리 조상들은 마을이나 집의 뒤편에는 울창한 소나무 숲을 만들어 사계절 푸르름을 감상하고 겨울에 차가운 북서풍을 막아주는 비보림으로 이용하는 모습을 찾아볼 수 있다. 이는 한국인이 가장 좋아하는 나무로 소나무를 손에 꼽는 이유를 알 수 있게 한다.

조선시대의 왕릉에서 나타나는 12지상의 선례를 볼 수 있는 통일신라시대 능이 있는 위치는 경주에서 동쪽편인 울산으로 가는 길을 따라가다 보면 찾아볼 수 있다. 낭산 아래 능지탑을 시작으로 사천왕사지 못 미쳐, 울산으로 가는 철길을 넘으면 평지 같은 나지막한 지형에 경덕왕릉이 자리 한다. 그리고 좀 더 동쪽으로 가면 경주시 끝 지점에 원성왕릉이 자리하고 있다. 또 하나는 경주의 남쪽 방향으로 경주 남산의 끝 지점에서 내남면의 한적한 곳에 경덕왕릉이 자리하고 있다. 다른 하나는 북쪽으로 안강읍을 지나 포항으로 가는 길을 따라 가다 보면 육통리 마을 안쪽에 흥덕왕릉이 자리하고 있다. 이곳 역시 사람의 발길이 많지 않은 한적한 왕릉이지만, 석인과 돌사자 그리고 병풍석과 12지상을 갖추고 있으며, 그 앞에는 혼유석이 자리하고 있는 완전한 모습을 보여 준다. 왕릉 병풍석 주위로 12지상의 아름다운 조각 앞의 돌 틈 사이로 봄이면 보랏빛 제비꽃과 노란 이름 모를 꽃들이 지천으로 피어난다. 푸르른 잔디가 자라기 직전의 봄이면 푸르른 소나무 숲 사이로 펼쳐진 이 광경을 보기 위해 먼 발걸음을 마다하지 않고 왕릉을 찾는다. 하얀 화강석 사이로 피어난 제비꽃이 너무나 아름답기에 혹시라도 통일신라의 화려하던 문화의 꽃이 제비꽃으로 환생한 것은 아닌가 하는 생각이 든다.

지금부터는 통일신라 왕릉에서 조선시대 왕릉의 조형적인 구조를 살펴보고자 한다. 먼저 왕릉을 호위하듯 세워 있는 석상들의 모습을 살펴보고, 두 번째는 병풍석과 12지상의 표현예술을 살펴보고자 한다. 신라왕릉의 병풍석에 세워지거나 조각된 십이지신상은 무인의 복장을 하고 있고 조선시대는 문인의 모습을 하고 있는 차이를 발견하게 된다. 이 또한 시대마다 국가가 원하는 중요한 임무에 따라 무인이냐, 문인이냐가 무덤의 모습으로 나타나게 되었다. 먼저 통일신라 왕릉 중에 성덕왕릉을 찾아가 보자.

성덕왕릉에는 우리들보다 2배는 큼직한 석인이 좌우를 호위하고 그 옆에는 돌사자가 무덤의 입구를 지키는 수호를 맡고 있다. 그리고 봉분 주위로 4방향에 돌사자가 지키고 앉아 있는 모습을 보인다. 다른 왕릉에서는 병풍석에 직접 조각하여 놓았지만, 이 왕릉은 별도의 돌을 사용하여 조각하여 세워 놓았다. 매우 귀여우면서 세련된 조각으로 통일신라시대에 찬란했던 공예예술을 보는 듯하다. 지금은 많이 훼손되어 형체를 알아보기 힘든 것들이 대부분이나 표면에 두껍게 내려앉은 푸르른 이끼류 사이로 살포시 보이는 세련된 볼륨감은 아직도 왕릉의 조형물으로는 최고의 백미로 꼽고 싶다.

이 능으로부터 울산으로 가는 국도 길을 따라 경주를 완전히 벗어나는 지점에 북동쪽으로 난 길을 조금 따라 들어가다 보면 마을 입구에 다다르기 전 남쪽을 향한 커다란 소나무 숲 아래로 신라의 38대 왕 원성왕(元聖王: 785-798 재위)의 능으로 추정하고 있는 능이 있다. 이 능은 걸괘(掛)자를 써서 괘릉이라고도 전한다. 이 능은 현존하는 신라 왕릉 가운데 왕릉을 구성하는 석물들이 가장 온전하고 화려한 무덤으로 아름드리 소나무 숲속에 고즈넉하게 꾸며져 있다. 특히 4방을 바라보며 해학적으로 표현된 돌사자가 호위하는 모습과 금방이라도 살아 움직일 듯한 큰 눈을 가진 서역인의 모습을 한 석인石人의 표정에서 통일신라시대의 조각예술이 표현예술로 승화된 능묘제도를 볼 수 있다. 그리고 무덤을 향해 바라보는 동쪽 편 앞 쪽의 사자는 한 다리에 힘을 가득 실고 히쭉 웃는 모습을 하면서 능묘를 지키는데 염려 없다는 듯한 표정을 짓고 있는 모습이 눈길에 닿는다. 그리고 무덤 앞을 지키는 석인

중 무관의 오른쪽 허리춤을 가만히 살펴보면 돈이나 소지품을 넣기 위해 허리춤에 메고 다니는 주머니가 조각되어 있다. 이는 서역에서는 사용하지 않는 낭이라는 주머니로 석인의 외형은 서역인이지만, 섬세한 표현에서는 복식 문화를 한반도 고유의 모습으로 표현하고 있는 점은 매우 주목할 만한 특징으로 볼 수 있다. 매우 흥미로운 발견이다. 또 하나는 안강의 육통리의 산자락에 자리한 흥덕왕릉으로, 소나무 숲속에 문석인과 무석인의 모습을 한 석인이 눈을 부릅뜨고 있는데, 아무리 살펴보아도 서역인이 분명하다. 특히, 무덤 전면에 무인武人을 세우고 다음에 문인文人을 세운 것은 조선시대 왕릉에서 그대로 표현되고 있다. 조선시대 능묘와 차이점은 조선시대에는 무인과 문인 옆에 말의 석상을 세우고 있는 반면 통일신라 왕릉에서는 4방향을 지키는 사자로 표현되고 있는 것이 차이점이다. 또한 무덤의 중심축으로 약간의 볼록한 언덕길을 길게 만들어 놓았는데, 조선시대 왕릉과 같이 박석을 깔은 신도神道는 아니지만 신도를 표현하고 있는 듯하다. 숭복사崇福寺 비문碑文과 연관돼 있는 능으로 기록상 어디까지나 괘릉은 석인을 세우고 12지상을 표현한 형식의 우리나라 풍수 분묘의 기원이 되고 있다. 특히, 괘릉을 석상들의 배열에서 매우 유사한 형태를 하고 있는 흥덕왕릉과 비교해 보면 흥미로운 공통점과 차이점을 발견할 수 있다. 흥덕왕릉은 소나무 숲속 깊숙이 자리하고 있는데, 무덤으로 가는 길의 좌우에는 이렇게 꼬불거릴 수가 있을까 라는 생각이 들 정도로 소나무들이 빼곡히 자리하고 있다. 좀더 들어가 무덤이 보이는 지점부터는 커다란 소나무들이 무덤을 호위하듯 전부 좌우에서 안쪽으로 고개를 숙이고 자라는 모습을 보이는데 마치 왕에게 자연의 소나무마저 경의를 표현하는 듯하다. 이러한 모습은 조선왕릉에서도 볼 수 있는 장면으로 장관을 이룬다. 눈을 돌려보니 동쪽 소나무 숲 사이로 커다란 바위가 보인다. 이것은 거대한 비석 받침으로 흥덕왕릉을 나타내는 비석을 세웠던 귀부龜趺인데 지금까지 본 비석 받침 중 거북이의 크기가 이렇게 큰 것은 처음 본다. 여러 면이 박락으로 심하게 파괴된 모습이 나타나지만, 위용만큼은 대단함을 느낄 수 있다. 이 모습은 경덕왕릉 앞의 논 가운데 자리한 비석 받침과 비교가 된다. 한편, 이 능의 전면에는 팔각주의 기둥을 좌우에 세우고 있는데, 이 석주石柱는 조선시대 왕릉의 홍살문의 기능이 아닌가 생각해 본다. 그리고 다음은 괘릉과 같이 무덤 전면에 무인武人과 문인文人을 좌우에 순차적으로 세우고 사면에 방위를 지키는 4마리의 석사자를 봉분 주위에 일정한 간격을 두고 배치하였다. 돌사자가 바라보는 방향은 고개를 돌려 4방위를 지키는 모습을 하고 있다. 이 모습이 돌사자를 무덤 전면에 무인과 문인석 다음에 세운 원성왕릉(=괘릉)의 석물의 배치 방법과의 차이점이다.

이러한 통일신라 왕릉에서 보여주는 주변의 석상石像들의 조형물들은 형식적으로나 배열에서 통일된 모습을 보이지 않고 있다. 더욱이 석상들의 얼굴의 방향성이 다르다. 12지상을 자오선 방향과 일치해 놓은 공통점은 있지만, 석상이 바라보는 방향이 왕릉마다 다르다는 점은 매우 흥미로운 발견이다. 이는 당시 중국에서 새로운 문화가 들어오면서 한반도에 왕릉의 조형물이 정착되기 전의 실험 단계로 완벽한 모습을 보이기 위한 예비 단계의 모습처럼 생각된다. 한편으로 조선왕릉들의 약 500년간에 조성된 42기의 왕릉들이 거의 동일한 규칙을 자리하고 있다는 것은 왕릉의 완성도를 이야기하는 듯하다. 특히 홍유릉에 자리한 석상들을 보면 새로운 문화가 거듭 중국으로부터 유입되면서 새로운 형태의 조형물들이 자리하지만, 왕릉 주변의 석상과 재실 공간의 배치에는 변화가 없는 것을 알 수 있다. 이러하듯 조선왕릉은 온전한 상태의 보존과 아울러 한 시대의 완성된 왕릉의 규율과 질서를 볼 수 있는데 매우 의의가 있다고 본다.

박진감 넘치는 석조물과 어울린 소나무가 멋지고 아름다운 모습 (원성왕릉=괘릉)

병풍석, 십이지신상 등 모든 면에서 신라 능묘 중 가장 조각 수법이 우수한 원성왕릉

십이지상을 비롯하여 석인, 석수를 갖춘 조선왕릉의 시원인 성덕왕릉과 능비를 받치던 귀부

성덕왕릉을 지키는 석인과 포효하는 귀여운 석사자

신라왕들의
안식처를 지키는
석상들의
사실적인 표정들

진달래꽃이 화사한 어느 봄날의 경덕왕릉으로 오르는 길에서

신기하리만큼 소나무들의 구불거린 모습이 경이로운 흥덕왕릉 참도

조선왕릉은 어느 곳에 있을까

조선왕릉은 42기가 축성되어 있으며, 그 중 2009년 유네스코 세계문화유산으로 등재된 것이 40기이다. 개성에 있는 조선 제1대 왕인 태조의 원비가 잠들고 있는 제릉齊陵과 조선 제2대 왕인 정종과 비인 정안왕후가 모셔진 후릉厚陵은 북한에 위치하고 있다. 조선왕릉은 도성에 가깝게 자리하여 관리의 편리성과 도성을 중심으로 한 왕권의 상징물로 '도성 10리 밖, 100리 이내'에 조성되었다. 이러한 위치에 자리하게 된 배경을 살펴보면 매우 흥미로운 점을 발견할 수 있다. 지금도 옛 도성인 서울에서 가장 멀리 위치한 왕릉인 여주의 영 · 녕릉英 · 寧陵과 화성의 융 · 건릉隆 · 健陵, 영월의 장릉莊陵을 제외하면 나머지는 도성으로부터 반경 약 40km(100리) 내에 자리하고 있다. 예외 왕릉은 대부분 가슴 아픈 사연을 간직한 왕릉들로 이 규정과는 거리가 있으며, 이 또한 조선시대 역사의 소용돌이를 이해하는 한편의 역사들이다.

지리적으로 왕릉을 서울을 중심으로 살펴보면, 경기도를 포함한 강원도인 동쪽에 16기, 경기도 서쪽에 16기, 서울특별시 안에 8기로 나눌 수 있다. 왕릉이 속해있는 도시로는 구리시에 9기, 서울 · 고양시에 각 8기, 남양주시에 4기, 파주 · 여주 · 화성시에 각 2기, 김포 · 영월 각 1기씩 분포되어 있다. 또한 조선왕릉은 선 · 정릉, 홍 · 유릉 등 대부분 2기 이상씩 집단을 이루고 있으며 동구릉에 9기, 서오릉에 5기, 서삼릉과 파주삼릉에 각 3기가 군집되어 있는 등 3기 이상의 집단군을 이룬 왕릉군도 네 군데나 있다. 단독으로 왕릉이 있는 곳은 서울 성북구에 자리한 정릉, 의릉을 비롯하여 정릉, 파주 장릉, 김포 장릉章陵, 남양주 진접에 사릉, 영월의 장릉莊陵, 의정부에 광릉과 양주시에 온릉 등 총 6기로 전체의 1/7에 불과하다. 이들 왕릉의 위치를 방향별로 쉽게 구분하기 위하여 서울을 중심으로 동쪽 지역은 East, 서쪽 지역은 West의 약자를 사용하여 각 왕릉마다 코드를 만들어 기록하였다.

조선시대는 가족 묘제가 사회 풍속으로 자리하고 있었으며, 왕릉을 포함하여 이 풍습은 일반적인 백성들에게도 선산先山이라 하여 몇 대代가 한 지역에 묘를 조성하고 있다. 그러나 왕들의 특권으로 왕릉이 자리 할 위치가 풍수지리학적으로 명당으로 여겨 왕릉을 조성할 경우 그 영역 안에 기존의 백성들의 묘가 있을 경우라도 왕에게 자리를 내주는 것이 도리로 여겨 엄격하게 지키고 있었다. 따라서 서울 은평구 일원에는 서오릉을 만들면서 이주된 많은 양반들의 무덤들을 발견하게 되는데, 그 이유도 왕릉만이 갖는 특별한 제도에서 비롯된 것이다. 조선시대는 아무리 높은 고위 대작의 문중 집안의 묘역이라도 왕보다 높을 순 없으니 왕이나 왕족에 관련된 사람들의 묘로 낙점이 되면 받아들이지 않을 수 없었다. 그러나 그 당시의 왕들도 인간인지라 얻은 땅을 대신하여 다른 곳으로 이장할 충분한 공사비와 하사품을 주어서 불만이 없도록 하는 배려는 잊지 않았다 한다.

조선시대의 왕 자세히 알기

1대 태조	2대 정종	3대 태종	4대 세종	5대 문종	6대 단종
7대 세조	8대 예종	9대 성종	10대 연산군	11대 중종	12대 인종
13대 명종	14대 선조	15대 광해군	16대 인조	17대 효종	18대 현종
19대 숙종	20대 경종	21대 영조	22대 정조	23대 순조	24대 헌종
25대 철종	26대 고종	27대 순종			

서울외곽에서 서쪽편에서 위치한 왕릉

<table>
<tr><th>지역</th><th colspan="2">능호(陵號)</th><th>묘주(墓主)</th><th>왕릉 형식</th><th>소재지</th></tr>
<tr><td rowspan="5">서울 외곽 에서 서쪽편</td><td rowspan="3">파주 삼릉</td><td>공릉(恭陵)</td><td>• 장순왕후 한씨
(7대 예종 원비)</td><td>단릉</td><td rowspan="3">경기도 파주시 조리읍 능거리 55</td></tr>
<tr><td>순릉(純陵)</td><td>• 공혜왕후 한씨
(9대 성종 원비)</td><td>단릉</td></tr>
<tr><td>영릉(永陵)
〈추존왕〉</td><td>• 진종
• 효순왕후 조씨</td><td>쌍릉</td></tr>
<tr><td>파주 장릉</td><td>장릉(長陵)</td><td>• 16대 인조
• 인열왕후 한씨</td><td>단릉
(합장릉)</td><td>경기도 파주시 탄현면 갈현리 산 25-1</td></tr>
<tr><td>김포 장릉</td><td>장릉(章陵)
〈추존왕〉</td><td>• 원종
• 인헌왕후 구씨</td><td>쌍릉</td><td>경기도 김포시 풍무동 장릉로 79</td></tr>
</table>

조선왕릉 일람표

지역	능호(陵號)		묘주(墓主)	왕릉형식	소재
서울 중심권에서 동쪽편	영녕릉	영릉(英陵)	• 4대 세종 • 소헌왕후 심씨	단릉 (합장릉)	경기도 여주군 능서면 새능길 산 83-1
		영릉(寧陵)	• 17대 효종 • 인선왕후 장씨	쌍릉	
	영월 장릉	장릉(莊陵)	• 5대 단종	단릉	강원도 영월군 영월읍 단종로 1090-1
	사릉	사릉(思陵)	• 5대 단종비 (정순왕후 송씨)	단릉	경기도 남양주시 진건읍 사릉로 산65-1
	광릉	광릉(光陵)	• 7대 세조 • 정희왕후 윤씨	동원이강릉	경기도 남양주시 진접읍 부평리 산100-1
	동구릉	건원릉 (健元陵)	• 1대 태조	단릉	경기도 구리시 동구릉로 217-17
		현릉(顯陵)	• 5대 문종 • 현덕왕후 권씨	쌍릉	
		목릉(穆陵)	• 14대 선조 • 의인왕후 박씨 • 인목왕후(계비)기씨	동원이강릉	
		휘릉(徽陵)	• 16대 인조 계비 (장렬왕후 조씨)	단릉	
		숭릉(崇陵)	• 18대 현종 • 명성왕후 김씨	쌍릉	
		혜릉(惠陵)	• 20대 경종 계비 (단의왕후 심씨)	단릉	
		원릉(元陵)	• 제 21대 영조 • 정순왕후(계비)김씨	쌍릉	
		수릉(綏陵) 〈추존왕〉	• 문조 • 신정왕후 조씨	단릉 (합장릉)	
		경릉(景陵)	• 24대 헌종 • 효현왕후 김씨 • 효정왕후(계비)홍씨	삼연릉	
	홍유릉	홍릉(洪陵)	• 26대 고종 • 명성황후 민씨	단릉 (합장릉)	경기도 남양주시 금곡동 141-1
		유릉(裕陵)	• 27대 순종 • 순명황후 민씨 • 순정황후 윤씨	단릉 (합장릉)	

지역	능호(陵號)		묘주(墓主)	왕릉 형식	소재지
서울 중심권	정릉	정릉(貞陵)	• 1대 태조 계비 (신덕왕후 강씨)	단릉	서울시 성북구 정릉로12길 산 87-16
	헌인릉	헌릉(獻陵)	• 3대 태종 • 원경왕후 민씨	쌍릉	서울시 서초구 헌인릉길 42
		인릉(仁陵)	• 23대 순조 • 순원왕후 윤씨	단릉 (합장릉)	
	선정릉	선릉(宣陵)	• 9대 성종 • 정현왕후(계비) 윤씨	동원이강릉	서울특별시 강남구 선릉로 동47길 131
		정릉(靖陵)	• 11대 중종	단릉	
	태강릉	태릉(泰陵)	• 11대 중종 계비 (문정왕후 윤씨)	단릉	서울시 노원구 화랑로 683
		강릉(康陵)	• 13대 명종 • 인순왕후 심씨	쌍릉	
	의릉	의릉(懿陵)	• 20대 경종 • 선의왕후 어씨	동원상하릉	서울시 성북구 석관동 화랑로 32길 333-1
서울 중심권에서 서쪽편	서오릉	경릉(敬陵) 〈추존왕〉	• 덕종 • 소혜왕후 한씨	동원이강릉	경기도 고양시 덕양구 서오릉로 475-95
		창릉(昌陵)	• 8대 예종 • 안순왕후 한씨	동원이강릉	
		익릉(翼陵)	• 19대 숙종 원비 (인경왕후 김씨)	단릉	
		명릉(明陵)	• 19대 숙종 • 인현왕후(계비) 민씨 • 인원왕후 김씨	동원이강릉	
		홍릉(弘陵)	• 21대 영조 원비 (정성왕후 서씨)	단릉	
	서삼릉	희릉(禧陵)	• 11대 중종 계비 (장경왕후 윤씨)	단릉	경기도 고양시 덕양구 서삼릉로 37-1
		효릉(孝陵)	• 12대 인종 • 인성왕후 박씨	쌍릉	
		예릉(睿陵)	• 25대 철종 • 철인왕후 김씨	쌍릉	
	온릉	온릉(溫陵)	• 11대 중종 원비 (단경왕후 신씨)	단릉	경기도 양주시 장흥면 호국로 산19
서울 중심권에서 남쪽편	융건릉	융릉(隆陵) 〈추존왕〉	• 장조 • 헌경황후 홍씨	단릉 (합장릉)	경기도 화성시 효행로 481번길 산 1-1
		건릉(健陵)	• 22대 정조 • 효의황후 김씨	단릉 (합장릉)	

조선왕릉은 어떻게 생겼을까

조선왕릉의 공간은 성격에 따라 크게 진입공간進入空間, 제향공간祭享空間, 능침공간陵寢空間, 이 세 개의 공간으로 나눌 수 있다. 그러나 산자들의 공간인 주택과 지형적인 특징을 같이하면서 죽은자가 잠자고 있는 능침공간이 추가된 듯하다고 볼 수 있다. 또한 죽은 자의 공간과 산 자의 공간을 확실히 구분하며, 죽은 자의 동선을 능침공간까지 연결하여 공간의 상징성을 부여하고 있다(문화재청,『조선왕릉 세계문화유산 등재 신청서』, 2008. p.73).

먼저 진입공간은 왕릉이 시작되는 공간으로, 왕릉을 관리하는 능참봉이 거주하던 재실에서 시작하여, 제향공간이 시작되는 홍살문 앞까지의 공간이다. 동구릉의 경우와 같이 왕릉이 여러 개 군집하여 있는 경우에는 각 왕릉 앞에 있는 홍살문과는 별도로 외홍살문을 진입공간에 만들어 군집왕릉의 입구를 표시하는 경우도 있다. 재실을 지나 능침을 향해 진입하면, 금천교禁川橋를 만날 수 있다. 금천교는 글자 그대로 풀이하면 "냇물을 건너는 것을 금하는 다리"로 금천교를 넘어서면 죽은 자의 영역으로 들어선다는 뜻이다. 금천교를 넘어가면 제향공간의 시작인 홍살문이 나온다. 다만, 여주의 효종릉인 영릉寧陵의 경우에는 홍살문을 넘어 참도의 중간에 금천교가 조영되어 있는데, 이는 능역을 가로질러 흐르는 냇물을 따라 그대로 조영하였기 때문이다.

제향공간은 홍살문을 시작으로 홍살문 바로 옆에 사방 1m 정도 넓이의 정방형의 배위拜位(판위라고도 함)가 있다. 배위는 왕이 무덤에 잠들고 있는 선왕이나 왕비에 대한 예의를 갖추어 절을 올리는 장소이다. 배위에서 절을 한 왕은 참도參道를 따라 제향을 올리는 장소인 정자각丁字閣으로 가게 된다. 참도는 박석을 깔은 능침으로 가는 길을 말하는데, 일정한 규칙이 있으면서도 약간의 차이가 있다. 대부분 왕릉의 참도는 약간 높게 만든 선왕의 영혼이 다니는 길인 신도神道와 현존 왕이 다니는 옆에 낮게 단을 만든 어도御道로 되

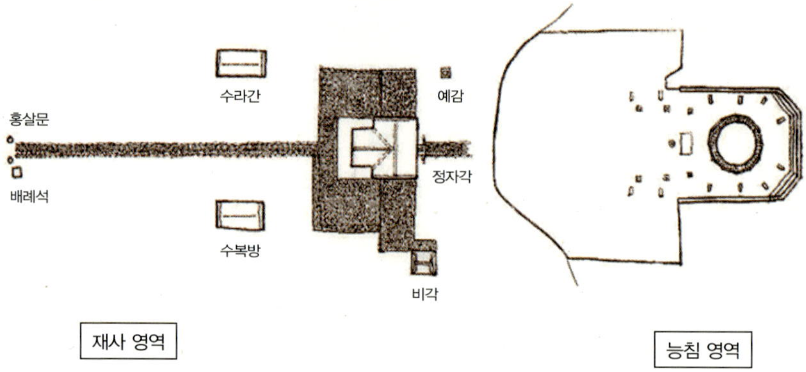
수라간
예감
홍살문
정자각
배례석
수복방
비각
재사 영역
능침 영역

왕릉배치도

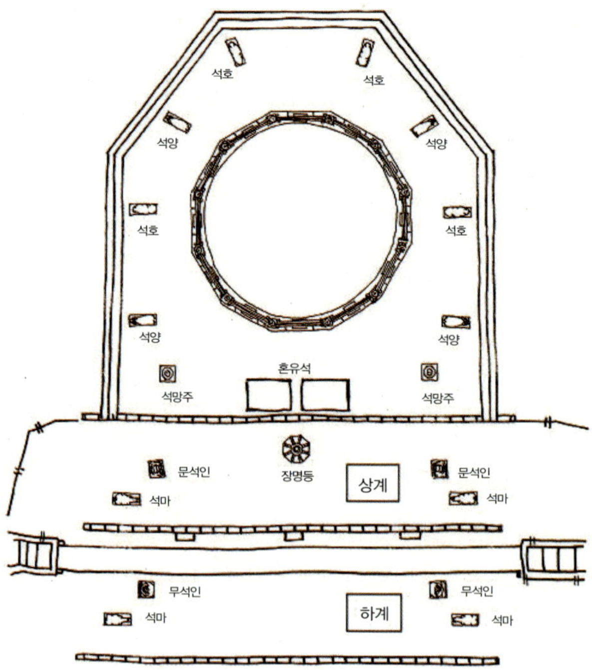
석호
석호
석양
석양
석호
석호
석양
석양
혼유석
석망주
석망주
장명등
문석인
문석인
상계
석마
석마
무석인
무석인
하계
석마
석마

능침배치도

어 있으며, 세조의 능인 광릉과 같이 참도가 없는 왕릉도 있고 세종의 영릉, 철종의 예릉, 고종과 순종의 홍유릉에서는 3단의 참도가 있는 경우도 있다. 참도 좌우로는 잔디를 심어 넓게 능역을 확보하고 있으며, 정자각에 다다르는 중간지점에 참도의 좌·우측으로 수복방守僕房과 수라간이 자리하고 있다. 수복방은 제기祭器를 보관하거나 수릉관守陵官(능을 지키는 관리) 또는 수복守僕(청소하는 일을 맡은 관노비)이 거처하던 곳이며, 수라간은 제례祭禮시 만들어 놓았던 제사 음식을 데우고 상차림을 준비하던 곳이다. 참도의 끝에 다다르면 잘 다듬은 장대석으로 수평줄눈쌓기 기법의 갑석과 지대석을 갖춘 기단위에 기와집의 정자각이 자리한다. 정자각 계단으로 오르는 방법은 엄격한 규율이 정해져 있다. 일단 참도로 걸어와서 우측의 계단을 이용하여 오르고 제사를 마치면 좌측으로 난 계단으로 내려오게 되어 있다. 조선시대에는 사당과 같이 제사를 지내는 공간으로의 출입은 삼문이나 계단을 통해 동입서출東入西出하도록 규율을 만들어 반드시 이 규칙을 따르도록 하였다. 정자각에 올라서면 익랑을 전면으로 이은 전면 세 칸 규모의 제사 공간이 있고, 정자각 뒤 서쪽에는 예감瘞坎이라는 조그마한 사각의 함 상자 모양의 장대석 네 개로 이어 만든 것이 있는데 제사가 끝난 뒤 축문을 태우는 곳이다. 예감을 돌이나 전돌로 만든 이유에는 축문을 태워 재로 만들어 하늘로 올려 보낸다는 의미도 있고, 또한 이를 아무데서나 태우다가 산불이라도 나면 큰일이므로 화재 예방을 위해 꼭 필요한 형태가 되었다. 이런 의미로 석함石函, 소대 혹은 소전대, 망료위望燎位라고도 부른다. 정자각 동쪽편에는 팔작지붕의 비각이 자리하는데 비각안에는 능에 잠들고 있는 왕과 왕비의 생전의 업적을 기록하거나 묘가 이장되어 온 경우는 그 경위를 적은 문패의 비가 모셔져 있다.

능침공간陵寢空間은 정자각 뒤편의 능이 있는 산봉우리처럼 잔디가 조성된 언덕 전체를 말한다. 잔디가 심어진 사초지 구릉 위로는 하늘과 맞닿은 듯한 곳에 무석인의 머리 부분이 아스라이 바라다 보인다. 사초지를 올라서면, 봉분은 곡장을 두르고 위계를 나타내는 상, 중, 하계의 3단으로 능침을 구분하는 단이 만들어져 있다. 첫 번째 단인 하계는 좌우로 무석인武石人과 석마가

쌍을 이루며 자리하고, 중계에는 봉분의 중심축에 옥개석이 목조 건축물의 연목과 부연을 표현하고 화려한 기와지붕의 형태를 하고 있는 화려한 장명등長明燈이 배치되어 있다. 그리고 좌우로 무석인과 줄을 맞추어 문석인文石人이 1마리의 석마石馬를 데리고 서 있다. 상계는 봉분을 중심으로 한 구역으로 봉분은 봉분의 신성한 구역임을 알리는 곡장이라는 막새를 갖춘 기와를 얹어 만든 전돌 담장을 두르고 해와 달을 나타내는 둥근 화강석을 일정한 간격으로 배치하고 있다. 어두운 색의 전돌과 줄눈으로 흰색의 양회가 대비되어 색의 대비가 아름다우면서도 음양을 구분하는 철학적인 내세관을 나타내는 담장의 모습으로 표현되어 있다. 한편, 봉분 주위에는 12간지를 나타내는 열두개의 병풍석屛風石과 난간석欄干石으로 둘러싸여져 있으며, 봉분 주위로는 능을 수호하고 영혼의 안녕을 기원하는 석양石羊과 석호石虎가 곡장을 바라보고 앉아 있다. 봉분 앞에는 넓적한 4면에 도깨비를 조각한 석판이 고석鼓石이라는 북처럼 둥글게 깎은 받침에 혼령이 쉬는 장소의 혼유석魂遊石을 배치하고 있다. 통일신라 무덤과에는 받침이 있는 고석은 없고 넓적하고 커다란 돌의 좌우에 안상眼象을 조각하여 놓은 모습에서 차이가 있다. 그리고 그 좌우로 한 개씩 촛대 모양으로 새겨진 망주석이라는 돌기둥이 서 있다.

경주 성덕왕릉의 비갈(碑碣)

경주
흥덕왕릉
십이지신상

경주
성덕왕릉의
석호

예술적·역사적
가치로 본
조선의
왕릉

1

왕권을 굳건히 다진 용龍과 세도정치에 휘말린 용龍

헌릉 · 인릉(獻陵 · 仁陵)

나즈막한 2줄의 기단석을 갖춘 헌릉 정자각

헌릉 정자각 계단, 궁륭형 소맷돌로 꾸며진 신도와 장대석만을 이용한 어도의 모습

서울 개포동에서 경기도 성남으로 넘어가는 구룡터널을 지나가면 조선시대 두 분의 임금님이 잠들고 있는 능원을 만나게 된다. 그곳에 가면 조선 3대 태종太宗(1367~1422, 재위기간 1400~1418)과 왕비인 원경왕후의 능인 헌릉과 조선 제23대 순조純祖(1790~1834, 재위기간 1800~1834)와 왕비인 순원왕후의 능인 인릉이 자리하고 있다. 이 능은 빽빽한 도시에서 자연적인 전경으로 극적인 변화가 구룡터널이라는 매개를 통하여 더욱 인상적인 모습을 우리에게 전달해 준다. 서울 강남이라는 고층빌딩과, 끊임없이 이어지는 차량들의 행렬에서 느끼던 그 답답함이 터널을 통과하면, 봄에는 연두색의 나뭇잎이 아름답고 가을이면 붉게 물든 산허리의 전경들이 시야에 가득해진다. 특히 늦가을 조용한 헌인릉의 왕릉 옆으로 조성된 대모산 등산로를 따라 산에 올라가면, 북쪽으로 서울의 발전하는 모습과 남쪽으로 발아래 펼쳐진 왕릉의 아름다운 숲의 모습을 볼 수 있다. 대모산에서는 또 다른 서울의 아름다움을 볼 수가 있기 때문에, 왕릉을 답사하면서 좀 더 시간을 갖고 갈참나무길의 산에 오르기를 권하고 싶다. 그러면 왕릉이 자리한 산세는 풍수지리적으로 명당이라는 곳에 잡는다는 이론의 모습을 확인하는 기회도 갖게 된다. 이 산 정상에 올라가는 날이 청명하여 순조의 아버지인 정조가 건축한 화성이 보이기라도 하면 정말 좋을 것 같다.

구룡터널을 지나 성남으로 가는 길 좌측편 산 아래 자리한 헌릉과 인릉으로 가는 길은 큰 길에서 접어들어 화훼단지 중간쯤에 행랑채와 안채로 꾸며진 재실인 한옥이 자리한다. 안채는 대청과 온돌방으로 구성된 팔작지붕의 홑처마로 양반집의 모습과 유사하다. 좀 더 산으로 들어가면 약간 동선의 혼동이 오는데, 좌측에 중앙부처 건물의 입구와 왕릉으로 가는 길의 구분이 뚜렷하지 않게 되어 있다. 그러나 분명한건 예사롭지 않은 거대한 수림과 소나무 송림이 오른편에 펼쳐져 있다는 것이다. 이곳에 헌릉과 인릉이 자리한다.

매표소 바로 앞에는 홍살문과 직선축으로 정자각이 시선을 잡는데, 다른 왕릉과는 다르게 관리 매표소와 홍살문과의 거리가 코앞에 펼쳐지는 것이 매우 흥미롭다. 이는 중앙부처 건물의 주출입구와 담장이 왕릉의 영역에 가까

어칸과 협칸의 기둥간격이 이채로운 헌릉의 신도비각

장명등과 혼유석을 각각 배치하고 다정히 자리한 헌릉

이 접해서 생겨난 일로서 좀 아쉬운 감이 드는 것은 현대인들의 이기심에 밀린 한 모습으로 생각되기 때문이다.

아무튼 우리는 서울의 동남쪽에 자리한 조선시대 가장 강력한 왕권 강화의 틀을 세운 조선 3대 태종을 만나러 가보자. 현재 이 능역은 매표소 앞에 바로 인릉이 먼저 다다르기에 지금까지 왕릉의 조형 변화를 공부하기 위해 선대 왕릉으로부터 시작하던 답사 방법을 잠시 내려놓고, 눈앞에 바로 펼쳐진 조선 제23대 순조와 왕비인 순원왕후의 능인 인릉을 보고, 그 옆에 자리한 조선 제3대 태종과 원경왕후가 모셔진 헌릉을 답사하자.

인릉은 조선 제23대 순조와 왕비인 순원왕후의 능으로, 조선 제22대 왕인 정조의 둘째 아들로 아버지가 계신 수원 화성으로 가는 길가에 자리 잡은 것처럼 보인다. 이곳에서 보면 수원 화성이 보이는 남쪽을 향하니 말이다. 특히 순조는 아버지 정조를 여의고, 11세에 왕위에 올라 증조할아버지인 영조의 제2계비였던 정순왕후에게 왕의 일을 간섭받는 수렴청정을 받았으니 명색이 왕이지 왕으로서의 권력은 유명무실하였던 조선시대 슬픈 왕의 한 분이셨다. 정순왕후의 수렴청정으로 인해 조정에서는 벽파와 시파의 파벌싸움으로 어수선해지고, 외부로는 천주교로 인하여 정약용은 유배되고 천주교 신자 300여명은 피로 얼룩지게 되었다. 정조가 승하하기 4개월 전에 세자비 간택이 이루어지는데 안동김씨 집안 김조순의 딸이 간택되면서 독단적인 정치 횡포에 의해 힘 있는 신하나 외척이 정치를 떡 주무르 듯 하는 방법으로 변하는 시기의 시발점이 된다. 아버지인 정조왕 시절에 만들었던 세도世道란 "백성을 행복하게 하는 정치의 표본"으로 사림들이 만든 통치 방법이다. 그러나 순조왕 때에 이어진 변질된 세도정치 때문에 탐관오리들에 의해 백성들의 생활고는 말할 수 없을 정도로 열악한 환경이 되어 버렸다. 그 이후로 세도정치는 왕권의 약화를 초래하게 만들었다. 그러나 약 3년이 지난 후부터는 친정을 실시하여 국정개혁과 그동안 유명무실하던 민생을 위한 암행어사를 강화하였고, 이를 통하여 왕권의 강화를 위해 노력하였다. 순조는 향년 44세로 재위기간 34년의 막을 내리게 된다.

이 능은 사연도 많은 자리에 있다. 풍수상의 이유로 세종의 영릉이 자리하려다 여주로 옮겨지고, 조선 제16대 인조의 계비인 장렬왕후를 모시려 했으나, 물이 고이는 장소라 하여 동구릉으로 옮겨진 자리이다. 이러한 풍수상의 문제인지는 몰라도 군부시절의 아픔도 함께하고, 지금도 국가 정보시설이 이 땅의 옆에 매우 가까이 와 있다.

두 왕릉의 답사는 조선전기와 조선후기 왕릉의 조성 방법을 이해하는데 가장 좋은 왕릉의 답사 코스다. 답사하기 전에 두 왕릉의 조성 시기가 차이가 있어 외형적인 석물의 모습도 많은 차이가 있다. 이해를 위하여 답사 전에 간단히 정리해 보자. 먼저 홍살문을 지지하는 주추의 모습이 차이가 있다. 두 번째로는 참도의 어도와 신도가 있는 인릉과는 다르게 헌릉에는 한 개의 박석길만이 자리하는 차이점이 있다. 그리고 왕이 제사에 앞서 절을 하는 배위가 없다. 그러나 이 배위는 정자각에 올라서면 있고, 능침에 올라가 보면 능의 장명등 앞에 마련되어 있어 생략된 것으로 보인다. 또한 정자각 주위로 인릉은 박석을 넓게 깔아 지반을 지지하고 있으나 헌릉의 정자각은 건물의 지대석만이 건물을 받치고 있다. 또한 소전위라는 축문을 올려놓고 태우던 장소가 헌릉에만 있다. 그리고 헌릉은 정자각부터 사초지 아래까지 참도가 연결되어 있는데, 인릉은 없다. 능침에 올라가보면, 헌릉에는 병풍석과 위계마다 문석인 2기, 무석인 2기가 있지만, 인릉에는 1기씩만이 좌우에 배치되어 있다. 물론 석마도 2기가 아닌 1기가 문석인과 무석인의 옆에 서 있다. 그리고 장명등도 헌릉에는 봉분 앞에 각각 1기가 세워 있지만, 인릉은 합장릉이기에 1기의 장명등만이 보인다.

과거사와 현대사의 사연 많던 자리에 모셔진 인릉을 참배해보자. 순조의 능은 경기도 파주 교하에 있다가 철종 때 자리가 불길하다는 주장이 있어, 비인 순원왕후가 별세하자 함께 이곳에 모시게 되었다. 먼저 이곳은 홍살문의 우측에 배위를 두고 신도와 우측에 어도로 꾸며진 참도가 정자각으로 동선을 이어 준다. 홍살문은 팔각 주춧돌 위에 붉은 단청을 한 원형기둥을 세우는 것이 일반적인 모습이나 인릉은 주추를 당간지주처럼 두 개의 긴장대석에 두 곳에 구멍을 뚫고, 나무 쇄기를 꽂은 모습이 특이하다. 정자각은 좌우에 우주를 세우고 3벌대의 기단으로 꾸며졌으며 맞배지붕으로 이어진 지붕에 잡상을 추녀마루의 대당사부부터 나열하였다. 용마루 끝에는 벼슬모양이 장식된 취두가 올려져 있고 내림마루 중간에는 용두를 올려 장식하고 있다. 기둥을 살펴보면 아래쪽에 흰색이 칠해져 있다. 이것은 죽은자를 위해 제사하는 공간임을 나타내는 의미로 사당에서 자주 볼 수 있는 광경이다. 건물은 이익공의 공포로 꾸며지고 날렵하게 내민 쇠서에 비해 장중하고 절제된 공포의 모습, 여백의 단청은 조선시대 후기 왕릉의 표본적인 제각의 모습을 잘 보여주고 있다. 정자각 뒤편으로는 항상 참배객들이 궁금해 하는 두 종류의 석조물이 있는데, 축문을 묻는 예감과 네모반듯한 방형의 소전대가 그것이며 능침 아래 좌우에 자리하고 있다.

비각은 이곳에 잠든이의 이름표와 같은 의미로 정면 두 칸, 측면 한 칸의 팔작지붕으로 꾸며져 있고, 지붕은 정자각과의 위계를 구분하기 위하여 용두만을 사용하고 있는 것이 특징이다.

능침은 소나무가 주위를 감싸 안고 있는 모습으로 사초지는 비교적 다른 왕릉에 비하여 짧으며, 능을 답사하는 오른편의 오르는 길은 소나무가 마치 호의하듯 파라솔과 같이 자라고 있는 모습에서 경건한 자태를 보여준다. 능침공간에 오르면 곡장 안에 하나의 봉분이 보이는데, 순조와 순원왕후의 합장릉이다. 봉분 주위로는 능침을 지키기 위한 석수들이 전면에서

두 능사이를 이어주는
난간석의 세련된 만남

난간석과 둘레석
사이의 모습

부터 양석 호석 순으로 여덟 개가 배치되어 있으며, 병풍석 없이 난간석만 봉분을 감싸고 있다. 그리고 곡장 끝으로 세호가 선명하게 세겨진 망주석이 좌우에 자리하고 있으며 앞에는 혼유석이 자리하고 있다. 이는 초계에 구성된 조형물들이다. 중계에는 정중앙에 장명등이 자리하고 좌우로 안장 없는 말의 석상에 문관석이 자리하고 있으며 하계에는 무관석 한 쌍 석마 한 쌍이 자리하고 있다. 좌우에 있는 문인석은 해맑게 웃는 얼굴의 모습으로 표현되어 있고, 무관석은 입을 굳게 다문채로 눈을 휘둥그레 뜨고 바라보는 표정을 짓고 있다. 이들 석인들은 네 개가 모두 다른 모습을 하고 있는데, 문관석의 경우 크기가 다르고 옷주름이나 표정도 다른 모습을 보여준다. 무관석의 경우도 표정과 크기가 다르고, 가슴에 표현된 귀면의 모습 또한 다르기에 인릉의 석인들은 여러 명의 석공들이 제작한 모습을 볼 수 있다. 개성있게 매우 자연스럽고 나름대로의 역할이 다른 임무를 띠고 있는 듯한 표정들은 매우 흥미롭다. 이 석물들의 모습은 크기와 규모는 작으나, 옆 등선에 자리한 태종의 석물들과 같은 모습에서 헌릉의 석물을 모본으로 한 것으로 보인다. 그러나 일부는 세종의 영릉이 있었던 자리이므로 그 때 사용했던 석물의 일부를 사용한 것으로 보인다.

헌릉
무석인의
허리

인릉을 내려와서 비각 뒤를 돌아보면 동쪽인 오른편에 헌릉으로 가는 길을 만나게 된다. 이 길은 최근에 조성된 다양한 수종의 나무들이 자리하고 있다. 그러나 그 중에 늦가을에 붉게 물들어 떨어지는 단풍의 붉디 붉은 잎과 노란 부드러움이 일품인 갈참나무 등 거대한 나무들은 왕릉을 찾은 또 하나의 아름다움의 탐색이다. 나무들의 어우러짐은 인릉과 헌릉 사이의 엄숙함과 경건함을 완충하는 역할을 하며, 수채화 같은 모습의 나무들은 많은 길손들의 시선과 발걸음을 사로잡는다. 이곳에서 잠시 벤치에 떨어진 낙엽을 손에

헌릉 앞의 석물들의 나열 모습

서 거두고 젊은 나이에 부모를 잃고, 모진 역경을 이겨내어 조선을 지켜온 분 순조를 생각해보자. 아버지 정조를 잃고, 11세에 왕위에 올라 34년간 재위하면서 수해와 전염병으로 나라가 혼란스러웠으며, 탐관오리들의 수탈과 외친의 세도정치 등, 사회가 혼돈을 겪고, 1811년에는 홍경래의 난을 계기로 정치적 반란이 되는 어려움을 겪게 되었다. 그러나 순조왕은 성격이 온화하고 검소한 왕으로 알려져 있다. 그러한 순조왕의 성품을 나타내듯 인릉은 소박한 모습이 아름다워 보인다. 잠시 스쳐 흐르는 바람에 빛바랜 낙엽이 발등으로 떨어지고 계절과 시간 속에서 끊임없는 세월의 흐름을 느끼게 된다.

헌릉은 태종과 원경왕후가 잠들고 있는 능이며 두 개의 봉분으로 된 쌍릉이다. 태종은 조선왕들 중 유일하게 과거시험에 급제한 왕으로 아버지 이성계가 조선왕조를 세울 때, 가장 공이 컸던 사람이었다. 그 예의 하나로 조선을 세우기 위한 혁명을 진행하던 중 정몽주가 아버지 이성계가 말에서 떨어진 틈에 제거하려 하던 것을 눈치 챈 이방원이 아버지를 구하고, 이를 간과하지 않던 방원은 어느 날 선죽교로 정몽주를 불러내어 시조 '하여가'를 읊어 정몽주의 마음을 파악하려 하였다. 그때 방원은 "이런들 어떠하리 저런들 어떠하리..."라는 내용을 읊게 된다. 그러나 정몽주는 '단심가'라는 시조로 고려에 대한 마음은 변할 수 없음을 읊는다. 이게 화가 되어 정몽주는 선죽교에서 이 시조를 핑계로 그 자리에서 죽게 된다. 이렇듯 아버지 이성계의 개국에 최선을 다한다. 그러나 그의 주변에는 많은 어려움이 있었다. 첫째로 왕도정치를 추구하던 삼봉 정도전에게 제지를 당한 것과 둘째는 태조 이성계에게 사랑을 받던 계비인 신덕황후(정릉에 모셔져 있음)에서 태어난 나이 어린 의안대군 방석을 세자로 책봉하면서 아버지와의 관계가 급속히 냉각되기 시작했던 것이다. 그로부터 이어지는 2번의 왕자의 난과 왕권강화를 주장하는 혼돈의 조선시대가 펼쳐지기 시작한다. 두 부자의 악화된 관계를 볼 수 있는 예로 이방원이 아버지 이성계의 원한을 달래려 아버지가 있는 함흥에 사람을 보냈으나 그 사람은 살아 돌아오지 못하였다. 그래서 우리는 지금도 소식이 없는 경우를 가리켜 함흥차사라고 하는 말을 아직도 사용하고 있다. 또한 불교를 숭상하던 아버지 태조와 조선 제2대왕인 정종이 독실한 불교신자였기 때문에 불교에 대한 탄압으로 대립이 이어진다. 그러나 개국 당시 이성계를 도와주던 무학대사에 의해 부자간의 반목에서 최소한의 화해가 이루어졌으니 불교와 끊을 수 없는 인연이 있었나 보다. 그러한 위기와 변화가

헌릉의 비석

봉분을 지지하는 인석에 피어난
아름다운 모란꽃

5개의 북석에 받쳐진
넉넉한 크기의 혼유석

헌릉의 석양

흥미로운지 조선시대 개국 당시의 내용을 주제로 한 역사극인 사극이 방송사에서 잊을 만하면 약간의 각색과 탤런트들을 바꾸어가며 방송한다. 이미 지나간 일들이지만, 태조 이성계와 아들 방원, 즉 태종의 끊임없는 반목과 신진사대부들의 결탁과 같은 복잡한 조선왕조의 일편이 흥미로운 인간사를 대변해서인지 인기가 있다.

헌릉 병풍석의 석주

한편 태종은 51세에 셋째아들 충녕대군(세종)에게 왕위를 물려주고, 1422년 55세로 세상을 승하하게 된다.

능역의 참배는 홍살문 앞에서 발길을 시작한다. 홍살문에서 대모산을 바라보면 정자각 지붕 용마루 너머로 다정히 놓여 있는 태종과 원경왕후元敬皇后의 능침이 보인다. 그리고 아래로 보면, 홍살문 앞으로 이어진 답도가 신도와 어도로 구분하지 않고 하나로 만들어진 흥미로운 모습을 발견하게 된다. 소박한 자연미가 느껴지는 박석으로 깔려져 있다. 정자각 뒤에 자리한 능침을 향하여 발길을 옮겨보자. 정자각 정면으로 곧게 뻗은 참도는 정자각 앞에서 우측편으로 돌고, 돌아선 전면으로 발길과 시선을 잡는 것이 있는데 바로 신도비각이다. 건물은 중앙 두 칸은 넓으며, 어칸 좌우 양편으로 어칸의 1/2 크기의 협칸으로 구성된 모습이 특이한 건물로 중인방 아래는 전돌로 쌓은 벽으로 꾸미고 있다. 그리고 상부 두 칸은 살가지로 마무리하고 있으며 왼쪽 한 칸에만 출입문을 두고 있다. 특히 기둥을 받치는 주춧돌의 기둥 놓는 자리인 주좌柱座를 보면 기둥 모양의 몰딩과 선각을 넣어 매우 조형감이 느껴지도록 정성을 다한 느낌을 준다. 그리고 팔작지붕에 용마루에 두 개, 내림마루에 사방으로 용두를 한 개씩 네 개로 장식한 건물로 왕릉의 신도비는 조선 제1대 왕이였던 태조 이성계의 건원릉建元陵과 이곳의 헌릉 두 개 뿐이다. 이후로는 신도비가 없어진다. 이는 세조 때 영의정 정인지 등이 왕의 공덕은 실록에 자세히 기록되어 있으니 신도비를 세울 필요가 없다 주장하여, 이후의 왕릉에서는 나타나지 않는다. 그러나 일반 사대부들의 묘에는 세워졌으며, 현재까

헌릉의 무석인

헌릉의 문석인

헌릉의 중계 하계 석인

지도 묘 앞에 신도비를 세우는 것이 일반적인 묘제 풍속으로 여기고 있다. 비각 안에는 두 개의 신도비가 세워져 있는데, 하나는 왕릉의 조영 당시 세워진 비로 임진왜란 때 손상된 비이고, 그 옆에는 1695년 숙종 21년에 다시 하나 세워진 비석이다. 원래의 비는 비신부가 화재에 의하여 손상되어 있으며, 거북이 모습의 귀부龜趺는 머리가 병화로 사라졌지만, 남아 있는 귀부의 등에는 귀갑문의 하나하나마다 왕王자가 새겨져 있다. 이수부의 여의주를 물고 있는 반룡蟠龍(휘감은 용의 별명)의 조각은 금방 하늘로 승천할 것 같은 용트림이 느껴지게 표현되어 있어서 당시 석공의 예술적 감각을 느끼기에 충분하다. 그러나 다시 세워진 비석의 등무늬는 선무늬에 비좌를 연꽃으로 표현하고 있어 숭유억불을 지향하던 태종의 생각과는 매우 다른 모습이다. 1422년 승하한 태종의 뜻이 약 260여년 지나서는 그 의미가 퇴색된 듯하다.

두 봉분이 다정히 손잡고 있는 듯한 모습

정자각은 장대석을 2단으로 쌓은 기단 위에 세워져 있는데, 이곳에 오르는 길은 참도에서는 하나의 박석길로 다다르게 되지만, 이곳에서는 소박한 무지개 모양의 소맷돌을 갖춘 2벌대의 신도와 장대석으로 꾸며 어도가 나뉘어져 있다. 특히 어도가 박석으로 깔려져 있지 않는 것도 매우 특징적인 부분이다. 한편으로는 철권 같은 기개로 강력한 조선시대의 기틀을 마련한 태종의 능침에서 후대 왕들이 어도마저 없앤 것은 무슨 이유일까 생각하게 한다. 능침의 장대한 모습의 석인石人과 비교해 보면 매우 흥미롭지 않을 수 없다.

정자각의 단청은 어느 정자각보다 매우 정성스럽게 표현되어 있다. 정면 세 칸, 측면 두 칸의 정자각 뒤로 신도가 사초지 언덕 아래까지 이어진 모습이 매우 특징적이고, 기단 뒤쪽에 놓여 있는 석탑의 옥개석 같은 모습의 돈을 태우던 소전대도 또 하나의 볼거리이다. 소전대는 조선시대 묘제의 변화를 보여주는 예로 얼마간 왕릉에 보이지 않다가 제12대 왕이던 효릉에서 다시 나타난다. 이와 같이 왕릉은 일정한 격식과 형식을 갖추면서 사회의 변화와 변화하는 관습을 표현하고 있어 조선시대 왕실의 관습의 일부를 볼 수 있는 중요한 교육의 장이기도 하다.

인릉에서 보던 사초지보다 2배는 크게 꾸며진 헌릉의 사초지 언덕 위에는 2기의 봉분이 아름다운 병풍석을 두르고 다정히 손을 잡고 있듯이 자리하고 있다. 그러나 강건했던 태종이 먼저 세상을 떠난 원경왕후 옆에 자리를 잡으라는 말과 검소하게 치르라는 말을 전해서인지 참도는 단아하고 소박하게 꾸며져 있고 능침공간은 작지만 세련된 조각술을 보여주고 있다.

능침의 조형을 살펴보자. 태종과 원경왕후가 잠들고 있는 두 개의 봉분과 이를 감싸 안고 있는 곡장이 있으며, 봉분은 석양과 석호가 호위하듯 배치되어 있다. 그리고 전면에는 귀면이 조각된 다섯 개의 북석이 받치고 있는 혼유석 두 개와 망주석이 곡장 끝에 하나씩 좌우로 배치되어 있다. 곡장의 모습은 해와 달을 나타내는 둥근 화강석을 중간에 등 간격으로 배치하였고 전돌로 마감한 곡장을 두고, 기와가 올려져 있다. 이곳을 경계로 긴 장대석을 1줄로 구분하고 있는데 이를 초계라고 부른다. 다음은 중계로 봉분 전면에 장명등이 나란히 두 개가 자리하고 있으며 문관석 2기, 석마 2기가 좌우 배치되어 있다. 그리고 하계에는 무관석 2기와 석마 2기가 좌우로 배치되어 있는데, 이 능에서는 넓적한 배례석이 전면에 있어 능참봉이 매일 올라와 절을 하던 곳에 자리하고 있다. 여러 특징의 조형미가 있지만, 배례석의 발견과 혼유석의 뒤편 하전석에 인위적으로 네모난 홈이 파여 있는 석재가 특징적이다. 이 홈 속에는 태종의 제사일인 음력 5월 10일을 전후로 오는 빗물이 고이면, 이를 태종우太宗雨라 부르고 있다. 이는 농본사상을 근간으로 하던 우리나라가 이때쯤하여 논농사 시기이기에 물의 중요성이 표현된 듯하다. '태종우'라는 말은 태종이 세상을 떠나기 전 계속된 가뭄에 시달리는 것을 보고 "내가 죽으면 영혼이 되어 옥황상제를 만나 근심을 풀어주겠다."라는 말을 남겼다고 전해지면서 생겨나게 되었다.

잠시 난간석과 병풍석을 둘러보자. 연꽃무늬 갑석에 기둥석은 태극무늬를 중앙에 둔 요령모양의 장식이 달려 있고, 구름무늬의 병풍석 가운데에는 문관옷을 입은 십이지신상 모양이 조각되어 있다. 이러한 양식은 동구릉에 모셔진 조선을 창건한 태조 이성계가 잠들고 계신 건원릉에서도 볼 수 있다. 이 병풍석과 같은 십이지신상 모양은 정릉에 사용했던 같은 모습의 병풍석으로 광통교에 사용하였고, 이는 최근에 청계천 복원 공사시에 발견되었다. 조선초기 왕릉(예; 건원릉, 정릉, 헌릉)에서 발견되는 이 병풍석의 조각은 당시의 묘제를 이해하는데 중요한 자료가 되고 있다. 또한 봉분의 낙수면에 깔려 있는 돌은 태종과 원경왕후가 서로 손잡고 있듯이 연결되어 있다. 살아생전 태종의 심기를 불편하게 만들어 폐비의 위기까지 치달었던 둘 사이를 저승에서라도 화해시켜 보려는 듯한 다정스런 배치가 매우 흥미롭다. 봉분을 지키는

헌릉의 봉분을 지키는 석상들의 모습

호랑이 석상은 이빨을 내밀고 포효하는 모습으로 지키기에 자신이 있는 듯, 묘한 입 표정을 하고 있어 흥미로움을 더해준다. 앞을 지키는 무관석을 보자. 입에 바람을 잔뜩 넣은 듯 볼은 탱탱하고 꼭 움켜쥔 손의 힘과 배를 살짝 내민 갑옷의 배에는 도깨비 얼굴을 조각하여 무사의 용맹을 표현하고 있다. 좌우 두 개, 총 네 개의 석인의 표정은 조금씩 다른 모습으로 여러 사람의 석공들이 힘을 합해 조각하여 그들이 생각하던 능침을 지키는 무관의 표정을 보여주고 있다. 또한, 문관석과 무관석 뒤에 배치된 말의 석상에 안장이 없는 것도 특징이다. 잠시 태종을 생각해보자. 왕이 죽어야만 차기 왕이 왕위에 오르는 경우가 대부분이나 태종은 혈기왕성한 나이인 52세에 미련없이 왕위를 내려놓았다. 제2차 왕자의 난에서도 자신의 동생인 회안군 방간을 부추켜 세운 박포만을 제거하고 동생은 살려두었다. 그리고 정비인 원경왕후와의 불화에도 대신들의 폐비 문제도 의지를 굽히지 않은 분이셨다. 결단력과 판단력이 대단한 분임에는 틀림없다. 전면에 있는 능참봉이 매일 올라와 절을 하던 곳인 넓적한 배례석에 지금의 우리들이 태종의 파란만장한 삶을 생각하며 절을 하는 예절을 지켜봄이 어떨까 한다.

인릉의 정자각 내부

인릉의 정자각을 바라보면

인릉의 정자각 회랑 사이로 보이는 비각

2

영월

청룡포에 떠도는 용龍

장릉(莊陵)

장릉 재실의 행랑채

독특한 부엌문을 갖추고 있는 장릉의 거실

단종은 조선 제5대 왕인 문종의 아들로 태어났다. 어머니인 현덕왕후는 단종을 출산한 후 출산 후유증으로 3일 만에 승하하신다. 아버지 문종 또한 왕위에 오른지 2년 4개월만에 승하하셔서 12세의 어린 나이에 왕위에 오르게 된다. 이것이 단종의 파란만장한 인생의 비애가 시작되는 전주곡이 된다.

당시 조선시대에는 왕이 20세 이하에 왕위에 오르면 수렴청정이라는 관례에 따라 나라를 다스리게 되어 있었다. 대비(전前왕의 부인)나 대왕대비(전전前前왕의 부인)에 의해 수렴청정을 맞게 되어 있으나 단종에게는 아무도 이를 해줄 분이 없었다. 그래서 영의정인 황보인과 우의정인 김종서가 이를 대신하면서 순탄치 못한 정치가 이루어졌다. 이즈음에 작은아버지인 수양대군이 조카인 단종을 보필한다는 명목으로 자주 조정에 들었다. 문종의 6명의 대군 중 장남인 안평대군이 이들을 견제하였으나, 서서히 수양대군의 야심이 표면으로 나타나기 시작하였다. 특히 명나라 사신을 자청하여 자신의 속내를 감추던 수양대군은 1453년 계유정란을 일으켜 단종을 도와주던 측근들을 제거하게 된다. 또한 금성대군과 혜빈 양씨를 죄인으로 몰아 유배시키게 되면서 서슬이 시퍼런 수양대군의 세력에 단종은 왕위를 양위하게 된다. 1456년(단종 16살) 단종의 복위를 꾀하다가 사전에 발각되어 죽임을 당한 그 유명한 집현전 학자들이 사육신(성삼문, 박팽년, 하위지, 이개, 유성원, 유응부)이라는 말을 남기게 되었다. 이때 매월당 김시습은 벼슬을 그만두고 방랑세월을 보내다가 결국 단종의 복위를 보지 못하고 충남 외산 무량사에서 생을 마쳤다. 그 후 단종이 17살 되던 해에 금성대군이 단종의 복위를 꾀하다가 실패하여 단종은 서인으로 강봉되었다. 급기야는 청령포로 유배되었다가 홍수를 만나 잠시 머물던 영월 시내에 있는 관풍헌觀風軒에서 금부도사인 왕방연이 사약을 가지고 왔다. 그러나 감히 단종에게 건네지 못하고 이를 알지 못하는 우매한 하인 복득이에 의해서 화살에 목숨을 잃었다. 이에 하늘도 원통했는지 무지한 복득이는 벼락을 맞아 그 자리에서 숨졌다고 한다. 당시 세조는 시신을 동강에 버리라고 했고, 시신을 수습하는 이는 역적에 처한다는 명에도 불구하고 당시 영월의 호장이었던 엄

엄흥도 정려각 내부

박충원 정려각

영월 장릉의 영천(靈泉)

장릉의 홍살문 주춧돌

장릉의 표시석

홍도는 단종을 지금의 장릉에 매장하였다. 59년 후인 중종에 의해 단종의 묘를 찾으려 했으나 엄씨 가족이 자취를 감추어 시신이 묻힌 곳을 찾지 못하다가 당시 영월군수인 박충원에 의해 1457년에 죽은 단종의 묘를 찾고 봉분을 갖추게 되었다 한다. 지금의 장릉이라는 능호陵號는 숙종(1698년)때에 단종이라는 묘호廟號를 갖게 되었다.

단종의 능침인 장릉은 전시관을 비롯하여 주변이 사적지화 되어 전국에서 많은 사람들이 단종의 애사를 기억하면서 이곳을 찾는다. 전시관 옆에는 2채가 한 채로 연결된 듯한 출입 대문을 별도로 마련하여 왕릉을 관리하던 능참봉이 거주하는 재실이 자리한다.

500년 전 단종의 마음을 헤아려 보기 위해 단종의 유배지인 청령포로 발길을 옮겨 보았다. 삼면이 강에 둘러쳐져 있고, 땅으로 연결된 유일한 방향인 서쪽에는 육육봉六六峯이라는 험준한 암벽의 산이 가로 막고 있다. 지금은 그때의 모습을 아는지 모르는지 유유히 흐르는 남한강만이 단종의 마음을 실어 청계천 영도교에서 생이별한 아내 정순왕후와 먼저 세상을 떠난 그리운 부모님과 함께 살던 한양의 경복궁에 전하는 듯하다. 지금은 많은 사람이 배를 타고 이곳을 찾는다. 불쌍한 단종의 슬픈 사연을 이야기하면서… 나는 이곳에 도착하자마자 경건한 마음으로 신을 벗고 걸었다. 강가에 수없이 깔려 있는 강돌을 밟으며 발바닥으로부터 느껴지는 아픔을 체험하면서 이보다 더 가슴 아팠

영월 장릉의 소나무

을 단종의 마음을 조금이나마 느끼고 싶었다. 지금은 "육지 속의 작은 섬"이라는 제목 아래 국가지정 명승 제50호인 이곳은 커다란 소나무들이 아름답게 자리하여 천년의 숲(청령포수림지)으로 지정되어 있지만, 그 소나무 숲속에서 단종이 유배하면서 느끼던 아픔의 흔적들을 찾아볼 수 있었다. 소나무 숲에는 1채의 기와집과 1채의 초가집에 머물던 어소와 단종을 유배지에 가두어 두려는 "이곳 주변에 누구도 와서 도와줄 수 없도록 사람의 접근을 금지"하는 금표비禁標碑인 "청령포 금표"라고 쓰여 있는 영조 2년(1726년)에 세운 허름한 옥개석을 머리에 이고 있는 비석이 자리하고 있다. 그리고 육육봉 아래에 가면 생이별한 부인인 왕비 송씨(정순왕후, 남양주시 사릉에 잠들고 있음)를 생각하면서 주변의 강돌을 하나하나 올려 만든 망향탑이 자리하고 있다. 이 탑을 보면, 나이 어린 단종의 복받치는 서글픔과 외로움으로 흔들리는 손길이 느껴지는 듯하다. 이곳에서 어소로 내려오는 길가에는 커다란 소나무가 자리하고 있다. 당시의 유배된 단종의 모습을 다 알고 있다는 의미로 관음송觀音松이라 부르고 있다. 이 소나무는 아래에서 두 개로 갈라져 자란다. 나무의 중간 정도에 가지가 펼쳐져 있고 다시 쭉 자라다가 나무 끝에서 가지가 사람의 얼굴에 두 눈을 가진 것처럼 매우 흥미롭게 자라는데 그 모습이 옛일을 자세히 보고 전하는 듯한 신비스러움을 느끼게 한다. 홍수에 의해 이곳 청령포를 떠난 단종은 관풍헌에서 자규시子規詩를 지으며 마음을 달래다가 어린 나이에 쓸쓸히 한양에서 수백 리 먼 곳에 묻히게 된다. 승천한 단종을 만나러 장릉으로 발길을 옮겨보자.

단종의 파란만장한 삶을 생각하며 걷다보면, 묘역 앞으로 관리사가 사용하던 민가 모양의 솟을대문을 갖춘 건물이 나타난다. 이 건물은 특이하게도 안에서는 날개채로 구분되는 모양이지만, 두 개의 대문을 갖고 있는 것이 특이하다. 이는 한양에서 당일로 제사를 지내고 가기에 어렵기에 왕이 행차하여 묵을 건물이 필요해서 만들어진 것이다. 특히, 건물의 공간구성이 솟을대문과 행랑채를 두고 행랑채의 서쪽편에는 밖으로 툇마루를 꾸민 모습이 이곳은 왕을 수행하던 신하들의 방인 듯하다. 안에는 정면에 네 칸 측면은 한 칸 반의

영월 장릉 정자각 참도

크기로 한 칸은 대청마루와 다른 세 칸은 온돌방으로 꾸며져 있다. 공포가 없는 민도리집에 홑처마로 만든 팔작지붕 건물이 전면에 반칸의 툇마루로 꾸며진 소박한 느낌을 준다. 그리고 좌우에는 행랑과 곳간으로 꾸며져 있다. 서쪽편 별도의 솟을대문을 들어서면 대문채에 곳간을 두고 안채는 마루 끝에 문짝을 달고 서쪽 한 칸은 추녀를 조금 내고 반 칸을 앞으로 늘려 커다란 격자 2분합문을 꾸민 모습이 동쪽편의 건물과는 다른 모습을 보여준다. 좌우 공간분리의 형태와 구성을 달리한 안채의 모습은 다른 왕릉 전사청에서는 볼 수 없는 특별한 모습이다. 특히 전면의 반 칸을 회벽과 창문으로 꾸며 복도를 만든 것이 인상적이다.

조금 능쪽으로 더 걷다보면, 오른편으로 홍살문에 조그마한 담장으로 꾸며진 건물이 보인다. 이곳은 단종이 17세에 관풍헌에서 승하하자, 후환을 두려워하지 않고 본인의 선산인 동을지산에 암장하고, 계룡산 동학사에서 제

장판옥에 모셔진 위패에 있는 충신들을 위해 제향 올리는 장소인 배식단

사를 지내고 사라졌다는 충의공으로 시호를 받은 엄홍도의 정여각비가 자리한다. 별도의 담장과 문을 꾸민 비각은 단칸 건물로 주화머리 단청으로 꾸며진 작은 비각이다.

이곳을 지나 조금 더 지나면 홍살문이 나타나는 능역이 보인다. 저 멀리 오른쪽으로 산아래 정자각과 정상에는 왕릉의 담장과 석물들이 손짓하듯 머리를 내밀고 있다. 따라서 정자각으로 가는 길은 정면으로 나 있지만, 우측으로 비각이 자리하여 자연스럽게 우측으로 시선을 끌도록 배치하였다. 홍살문을 받친 주춧돌을 살펴보자. 중앙에 둥근 주좌를 조각하고 7각으로 모를 접은 잘생긴 주춧돌은 매우 정교한 모습을 하고 있다. 홍살문 옆에는 별도의 배례석이 없는 것이 특징이다. 그러나 좌측으로 세 개의 단으로 높낮이를 달리하여 천제를 지내는 반쪽의 담장으로 둘러쳐진 제단이 꾸며진 모습에서 또 다른 특징을 발견하게 된다. 이곳을 지나 어도와 참도로 연결된 길을 걷다

장릉의 정자각

장릉의 정자각 익랑구조

장릉의 예감과 정자각

장릉의 혼유석

보면 정면의 방형 작은 담장안으로 석함 같아 보이는 것이 나타난다. 이곳은 영천, 즉 신령스런 샘이라는 비석이 서 있다. 이 우물은 단종 제사를 지낼 때 제수로 직접 길어 사용하고 있다는 우물로 정성스럽게 판석을 이용하여 둥글게 석축을 쌓아 만든 지금도 맑은 물이 끊임없이 샘솟고 있는 신비스러운 우물이다. 자연스럽게 작은 담장의 우물을 바라보며 참도를 따라가다 보면, 왕릉으로 향하여 정자각을 중심축으로 바라보이며 직각으로 꺾이는 묘미를 보여주는 동선 계획은 선조들의 신비스러운 아이디어처럼 느껴진다. 세 개의 단으로 꾸며진 지형을 만들고 참도는 정자각을 향해 이어진다. 바로 정자각 아래 천장이 보일라치면, 우측으로 돌아 우편으로 오르는 계단이 두 개로 나뉘어 배치하고 있음을 볼 수 있다. 왕릉은 보이지 않고 담장이 있어 그곳에 능침이구나 느낄 정도의 산위에 자리한 능에는 한 많은 삶을 두고 떠난 단종이 잠들고 있는 묘로 지금도 사람의 시선으로부터 떨쳐져 버린 것 같아 안타까움이 느껴진다.

영월 장릉의 자규루

그러나 영월군수인 박충원에 의해 1457년에 죽은 단종의 묘를 찾아 지금의 장릉이라는 능호를 얻게 되었고, 그때의 죽음이 후손들에게도 애틋하게 전해졌는지, 장릉은 휴일에 탐방객들로 발디딜 틈 없이 가득하여 단종의 억울함을 가슴으로 보듬어 주고 있는 듯하다.

풀이 무성한 언덕 위에 있다는 도릉이라는 글자의 뜻이 전해지듯 5월 말이 되면 정자각 높은 언덕은 온통 노란색과 보라색의 야생화가 단종의 억울함을 호소하듯 가련히 피어나고 그 아름다움에 가슴이 뭉클해진다.

3단으로 꾸며진 기단 위에 자리한 맞배지붕에 정(丁)자 모양으로 꾸며진 정자각으로 시선을 돌려보자. 전면으로는 둥근 방풍판이 모서리를 감싸 안고, 좌우 단정하게 수평으로 선을 갖춘 방풍판이 잡상 없이 용두로만 꾸며진 기와지붕을 마무리하고 있다. 기둥을 보자. 정성스럽게 다듬은 둥근 주춧돌

단종이 머물던 청룡포

단종의 애사를 아는지 유유히 강물은 흐르고

위에 원기둥을 세우고 단아한 초익공으로 꾸민 공포를 장식하며 창방에는 연화머리초로 화려하면서도 절제된 모습의 단청이 그려져 있다. 기둥 사이를 이어주는 창방 위에는 소로라는 작은 부재를 걸쳐 왕릉의 절제된 품위를 보여주고 있다. 기둥의 아래 부분에는 왜 흰색으로 단청이 칠해져 있을까하는 궁금증을 갖게 하는데, 이는 죽은 자를 모시는 제사공간이라는 표시로 사당이나 재실건축이라는 표시이기도 하다. 정면으로 내민 앞으로는 1단을 높여서 재실과 같은 높이를 자연스럽게 맞춘 정교함도 보여진다. 정자각 우측, 즉 비각의 반대편으로는 잘 다듬은 장대석을 2단으로 만든 예감을 두고 있다. 축문을 태우는 장소인 예감에 단종의 마음을 위로하듯 노오란 야생화가 피어 있다.

사초지를 올라보자. 이곳부터는 능침공간으로 인공적으로 만든 다른 왕능과는 다르게 산언덕으로 되어 있다. 더욱이 이곳을 오르는 길, 즉 단종이 묻힌 능역은 인위적인 등선이 아닌 산등선이 동남쪽으로 뻗어 있는 언덕 위에 있고, 제사를 지내는 정자각은 등선 산 아래 능침의 중심축과 직각이 되도록 배치되어 있어 산 언덕 전체가 능침공간으로 여겨진다. 매우 흥미로운 배치의 예로 엄홍도가 임시로 장례를 지낸 장소에 그대로 모셔져 있어서 나타난 현상이다.

정자각 위의 산등선을 따라가면서 걷다 보면, 시선에 아득히 나타나는 능침이 보인다. 화려하지 않지만, 예사롭지 않은 느낌이 든다. 병풍석이 없이 둥근 봉분을 가지고 있지만 곡장 뒤편의 잔디 위로 얼굴만 삐쭉 솟은 바위 세 개가 이산의 정기를 모아 품은 잉孕이 잘 만들어진 지형이다. 협소한 산줄기에 곡장을 두르고 봉분 앞 능을 지키는 문석인과 석마 하나가 좌우를 호위하고 있다. 그 밖에도 능묘에 갖추어진 석물은 문석인, 그 옆에 석마, 중앙에 장명등과 능의 좌우를 밝히는 망주석, 중앙에 단종의 영혼이 쉬는 장소로 혼유석이 놓여져 있다. 무석인은 화려한 갑옷을 입은 장수의 모습을 발견할 수 없으나, 그의 부인인 정순왕후가 잠들고 있는 사릉과 너무나 흡사하게 석물들

자규루 2층 누마루에서 바라다 보이는 단종이 승하한 관풍헌

어도와 신도의 박석 배치가 세련된 장릉

이 배치되어 있다. 온갖 이끼류들이 문석인의 몸에 덮여 표정을 읽기조차 어렵지만, 이끼에 덮힌 사이로 나타나는 그 표정에는 냉철함과 단호함이 감돈다. 더욱이 봉분 주위를 지키는 돌호랑이의 쫑긋 세운 두 귀와 꾹 다문 입의 표정은 엄홍도가 단종을 끝까지 목숨 바쳐 보호하듯 다시는 피해 받지 않아야 겠다는 비장한 각오로 본인의 임무를 다하려는 듯한 표정이 매우 흥미롭다. 봉분 전면에 혼유석을 받친 네 개의 북석에는 사방을 지키는 도깨비가 조각되어 있다. 장명등은 화려하지는 않지만 조각들이 매우 섬세하고 세련되어서 이를 만든 석공도 단종의 마음을 생각하며 정성을 다한 듯 보인다. 산 위에서 내려다보이는 청룡포가 있는 육육봉과 안산, 그리고 끝없이 이어지는 산마루를 보며 궁궐에서 이 멀리 귀향 와서 한 많은 삶을 살다간 단종의 아픈 기억을 생각해 보았다. 그리고 조용히 산 아래 정자각이 발아래에 내려다보이는 곳에서 잠시 들꽃과 이야기를 나누어 본다. 현대를 살아가는 우리에게 인간의 복잡한 이기심이 주는 교훈을 알려주듯 가련한 들꽃들이 바람에 하늘거리고 있다.

3 한 많은 여인의 인생을 살다간 단종의 비妃

정순왕후의 사릉(思陵)

단종을 사무치게
그리워 한다는 뜻인
"생각하는 능"이라는
정순왕후의
사릉

사릉은 경기도 남양주시 동북편에 위치한 단종의 부인인 정순왕후 송씨가 잠들고 있는 능이다. 지금은 남양주 시내에서 10리 안팎의 근거리이지만, 주변이 아직은 개발이 미치지 않은 조용한 시골의 풍경을 느끼게 한다. 왕릉 앞으로는 4차선 도로가 생겨 연일 자동차의 소리가 들리기는 하지만, 길가에 나란히 서 있는 붉은 소나무인 홍송들이 거리를 향해 펼쳐진 모습에서 고즈넉함이 느껴진다. 소나무 숲은 자연스러움이 느껴지고 일반인에게 개방하지 않아서인지 한적함이 감돈다. 소나무 숲 저편 서울을 바라보고 이루어진 등선에는 오래된 소나무만이 왕릉을 지키고 있다. 정순왕후와 단종의 비정어린 역사의 뒤안길을 조금이라도 더 이해하고 감성적으로 느껴보기 위해 비오는 오후 사릉을 찾았다. 왕릉의 능호가 사릉思陵인 것도 정순왕후가 단종에 대한 사무치는 그리움으로 평생을 보냈다하여 이를 표현하기 위해서 생각 사思자를 붙였다 한다.

소나무 숲길을 들어서면 홍살문과 넓게 펼쳐진 등선 끝자락에 왕릉이 자리하고 있다. 홍살문 앞에는 두 가지로 자란 소나무 한그루가 우리의 시선을 끌게 하는데, 이 소나무는 굵기와 크기가 신비스러울 정도로 닮은 모습을 하고 있다. 살아생전에 정순왕후 송씨와의 만남이 그리웠던지 단종과의 사연이 아쉬움으로 묻어나는 듯하다.

둥근 기둥 두 개를 세워 만든 홍살문은 벽사의 의미로 금천교와 함께 무덤으로의 경계를 나타내는 표시이다. 사릉의 홍살문은 창끝 모양의 홍살이 꽂혀져 있고, 가운데에는 청, 적, 황색의 태극문을 그려 놓고 있다. 홍살문에서서 능묘를 바라보면, 홍살문의 중심축은 정자각의 중심축과 봉분의 중심축이 반듯하게 일치하도록 배치되어 있다. 그리고 홍살문 우측으로 1평 규모의 정방향 크기의 박석을 깔은 배위가 자리하고 있다. 배위는 특이하게도 어도바로 옆에 붙여 있다. 정자각과 직선을 이루어 능침으로 가는 한 개의 높이를 달리한 두 길이 박석으로 깔려져 있다. 중심축에 맞추어 약간 높게 자리한 것이 신도神道이고 오른쪽으로 낮게 붙여 있는 것이 어도로 임금이 제사를 지내러 걷는 길이다. 참도에서 고개를 들어 능침을 바라다 보면, 정면에 3단의 잘

사릉의 정자각 계단

사릉의 봉분

다듬은 장대석 위에 정자각이 서 있고 길의 동쪽편으로 능의 주인을 알리는 비각이 정면 한 칸, 측면 한 칸의 규모로 서 있다. 마주 보이는 비각의 지붕은 용마루와 내림마루 끝에 화재와 벽사의 의미를 갖고 있는 용두가 올려져 있다. 비각의 규모는 작지만, 팔작지붕에 좌우는 중인방까지 화방벽으로 꾸며져 있는데, 전돌로 쌓고 하얀 양회 줄눈을 넣은 단아한 모습을 하고 있다. 두 짝의 판문 안에는 비석이 자리하고 있다.

제사를 지내러 찾아 온 왕은 홍살문을 지나 배위에서 절을 올리고 어도를 따라 걸어 올라오다 보면 정자각 앞에서 우측으로 돌아 비각이 보이고, 정자각 우측편으로 제각에 오르는 계단을 만나게 된다. 계단은 묘주가 오르는 구름모양의 소맷돌이 꾸며진 신계神階이고, 세 개의 장대석으로 만든 계단참만 있는 계단은 어계御階로 계단을 오르면 정丁자 모양의 정자각에 오른다. 정자각은 능침과 수평으로 전면 세 칸, 측면 두 칸의 맞배지붕 형태로 네모난 돌에 둥근 주좌를 조각한 주춧돌 위에 둥근기둥과 기둥머리에 초익공의 공포 가구기법으로 단청을 한 모습이다. 맞배지붕의 박공부분을 마무리하는 방풍판의 널은 끝이 직선의 모습으로 마무리되어 작은 정자각에 단아한 모습을 보인다. 또한 좌우벽이 화방벽으로 꾸며진 이곳은 제사를 지내는 곳으로 배면 어칸에 문이 달려 제사를 지내는 동안 능침이 보이도록 꾸며져 있다. 당시 왕과 제관들은 능침에는 오르지 않고 이곳에서 재를 올리는 것이 왕실의 관습이였기 때문에 능침 공간과 마음의 소통으로서 마음의 창문으로 만들어진 이분합 문이다. 정자각 전면은 세살문양의 중앙 어칸에 4분합, 좌우 협간에 4분합문이 꾸며져 있다. 이분합 문으로 보이는

사릉의 곡장 기와

사릉의 예감

사릉의 곡장 용무늬 암막새

사릉의 북석

사릉의 석양

한 사람을 죽을 때까지 사랑한다는 매력적인 표본인 정순왕후의 능침

사릉의 문석인

사초지 위의 정순왕후가 잠들고 있는 봉분에는 철 이른 장맛비가 주르륵 내리고 정자각에 고인 추녀 빗물은 한 많은 삶을 살다간 정순왕후의 넋을 달래는 듯 하염없이 기와지붕을 타고 흘러 내린다. 전면으로 돌출된 두 칸의 회랑으로 이어진 곳은 바닥이 전돌로 깔려져 있으며 제사공간과 다르게 한 개의 기단을 낮추고 벽이 없는 개방형 익랑 건물로 꾸며져 있다. 정자각의 지붕은 궁궐과 같은 격식을 갖추고 있다. 용마루 좌우에는 독수리 모양의 취두를 사용하고 내림마루에는 용두와 3마리의 잡상이 갖추어져 있는 신성한 공간인 정자각에서 재를 올린 후 축문을 태우는 장소인 장대석으로 네모반듯하게 꾸며진 예감이 우측 작은 언덕에 자리한다. 예감(망료위)은 마치 석탑이나 부도의 옥개석에나 있음직한 사각형의 연봉우리가 장식된 옥개석이 석함을 닫고 있다.

정자각의 뒤쪽으로 사초지의 둥근 언덕에 푸르른 잔디가 깔려져 있고 그 가장자리에 살포시 봉분의 윗부분과 능침을 지키는 문석인의 얼굴 부분이 제일 먼저 시선에 들어온다. 홍살문 앞에서는 묘역의 전체가 시야에 들어왔지만 이곳에서면 오르지 능침 부분에만 시선이 모아지는 것을 느끼게 된다. 이곳부터는 누구도 올라갈 수 없는 능침공간이다.

이렇게 엄숙한 능침공간이 만들어지기까지 많은 사연을 간직하게 된다. 훗날 중종에 의하여 복위되어 왕후의 능으로 추봉되었지만, 일찍 단종과 사별하고 궁에서 마저도 쫓겨나는 신세였기에 세상을 떠날 당시는 일반인으로 장사와 제사를 지낼 만한 여건이 되지 못하였다. 그로 인해 단종의 누이인 경혜공주의 시집인 해주 정씨 집에서 지금의 자리에 모시게 되었다. 그로 인하여 지금도 다른 왕릉에서는 볼 수 없는 주변에 일반인의 무덤이 자리하고 있다. 이 무덤들은 해주 정씨 무덤으로 문관석을 갖춘 10여 개가 주위에 자리하고 있다. 특히 숙종 24년에 단종과 함께 복위되었지만, 능으로 봉해졌다한들 이곳에서 다른 곳으로 옮기면 정순왕후가 마음이 편치 않을 것이니 이곳에 모시자는 당시 사릉총리사 최석정의 간곡한 상소로 인해 지금의 모습으로 우리에게 전해지고 있다. 얼마나 외롭고 무서웠을까? 이 세상은 떠났지만, 지금처럼 주위에 가까이 그와 함께하는 해주 정씨들이 있어 마음에 위안이 되지 않겠는가.

사초지 위의 능선에는 능침 공간으로 기와로 올려진 곡장 안에 봉분이 자리하고 있다. 곡장 기와는 세월의 흐름과 왕릉의 곡장이어서인지 정순왕후의 마음을 생각하는 꽃문양 수막새와 용침龍寢임을 알리는 용이 여의주를 물려 하는 매우 사실적인 용의 문양이 새겨진 암막새가 지붕을 장식하고 있다. 사릉의 능침은 간략화된 석물의 느낌을 갖게 하는데 무관석이 없이 문관석에 석마를 두고 있는 모습과 왕릉하면 생각되는 병풍석이 없고 더욱이 난간석마저 없기 때문이다. 매우 특이한 모습이다. 곡장 안 봉분 주위에는 무덤을 지키는 호랑이 모양의 수호 석상인 호석 1쌍에 양모양의 양석 1쌍이 있을 뿐이다. 혼유석과 장명등 그리고 한 쌍의 망주석으로 매우 쓸쓸해 보이는 이 능침의 석물들은 중종 16년(1521) 82세로 돌아가시면서 대군부인의 묘로 만들어졌기에 다른 능에 비하여 소박한 느낌을 갖게 한다. 곡장에 올려진 조선시대 기와는 용문암막새와 봉황문수막새의 아름다움도 좋지만, 정순왕후의 애절한

능침 가까이에 자리한 해주 정씨 집안들의 무덤

마음이 꽃으로 승화된 듯한 기와 꽃무늬가 주는 세월의 느낌이 아름답다. 무덤 주위에 서 있는 수호상인 호랑이 석상 석호石虎와 명복을 기원하는 뜻을 가진 양 모양의 석상인 석양石羊은 약간 미소를 머금고 비웃는 듯하게 입 꼬리가 치켜 있다. 이 지킴이들의 어떠한 도전에도 사악한 기운을 물리칠 수 있다는 자신만만한 표정이 매우 흥미롭다. 문석인은 턱에 받친 홀을 들고 있는 작지만 듬직한 모습과 살짝 웃는 듯한 미소는 정순왕후의 마음을 조금이나마 위로해 주고자 하는 신하의 표정이 매우 진진하게 표현되어 있다.

정순왕후는 살아생전 단종 2년(1454년)에 단종에게 시집을 와서 수양대군에게 왕위를 물려주고, 이후 단종 복위에 관계한 집현전 학자들의 사육신을 죽음으로 내닫게 한 사건이 발생되면서 부인으로까지 강등되었다. 궁궐에서 쫓겨난 정순왕후는 동대문 밖 연미정동에 초가를 지어 정업원을 지어 놓고 매일 뒷산에 올라가 단종이 묻힌 영월을 바라보며 비통해 하였다고 한다. 비를 맞으며 왕릉 해설사에게 한 여인의 지나간 역사의 인생드라마를 들자니 화려한 왕비에서 비운의 여인으로 인생을 내달았던 서글픔에 가슴이 저려 온다. 이를 기억하는지 사릉을 내려오는 길에 철 이른 여름 장맛비가 소리 없이 내리고, 나는 얼굴에 흐르는 빗물을 느끼면서 만남과 헤어짐의 아픔을 가슴 깊이 간직하게 되었다.

4

사림들의 천장遷葬으로 희생된 명당의 용침龍寢

여주의 영녕릉(英寧陵)

녕릉(寧陵)의 재실

담장없이 거대한 노거수로 두 공간을 분리하는 공간예술, 재실

영릉英陵은 경기도 여주에 자리한 능으로 조선시대 4대 임금이었던 세종과 소헌왕후를 모신 능이다. 이천시에서 여주시로 넘어가는 북동 방향에 자리한 영릉은 조선시대 명당 중의 명당으로 이곳에 세종왕릉을 모심으로서 조선왕조를 100년은 더 연장하는 역할을 하였다고들 말한다. 이곳 여주는 지형적으로 남한강이 흐르는 물 많고 산이 좋은 자리로 벼농사와 밭농사가 잘되는 지역이다. 토양도 비옥하여 땅콩과 고구마 등의 특산물 산지로도 유명하다. 특히 역사적으로 통일신라시대부터 전해오는 보상화문 전탑으로 유명한 여주 신륵사를 비롯하여 지척에는 조선시대 왕실의 안녕을 기원하던 절터로 고려시대부터 전해지는 법천사와 흥법사, 고달사와 같은 대규모 절들이 있었던 역사가 살아 숨 쉬고 있는 도시이다. 아울러 조선시대 말기에 조선백자의 산실인 광주에 있던 분원分院이 쇄락하여 도공陶工들이 이곳 여주 땅으로 이주해옴으로써 지금까지 도자기 생산지로 유명하다. 이러한 지역을 배경으로 한 영릉은 산세가 모란꽃으로 둘러진 형국에 봉황이 알을 품는 형상으로 명당 중에 명당이라고 한다. 이와 같은 명당이 만들어지기까지에는 기본적으로 주변의 아름다운 산세와 풍부한 남한강이 흐르는 천혜의 지형이기에 가능해 보인다.

사대부들의 계략에 의해 여주 땅으로 떠나야만 했던 영릉英陵과 녕릉寧陵은 왕이 세상을 떠나자마자 모신 장소가 아닌 어떤 이유에서든지 다시 자리를 옮겨야 하는 이유가 된 대표적 사례이다. "나 잘못되면 조상 탓"이라는 조상들의 이야기를 남기게 한 교훈을 주고 있다. 묘자리를 후손들이 얼마나 중요하게 여기는지 그 풍습이 지금도 남아 있어 대통령에 나갈 후보자들이 대통령이 되기 위해서는 조상의 묘를 먼저 이장하는 교훈을 주었으니 말이다. 그러나 결과는 그리 만족하지 못한 결과를 낳았다.

세종과 소헌왕후는 현재 개포동에서 성남으로 넘어가는 구룡터널을 지나 대모산 아래에 있는 인릉에 있었다. 그러나 예종은 자신의 친형 의경세자의 죽음과 자신의 첫 부인인 한명회의 딸이었던 한씨의 죽음을 세종의 묘의 이장으로 해결하고자 하였다. 따라서 영릉은 대모산 아래 능에 모셔진 아버

지와 어머니 곁에 있던 것을 18년만에 파묘하고 당시의 지명인 여흥 땅으로 천장하게 된다. 왕릉을 옮겨오면서 지명도 지금의 여주로 불리게 된 것이다. 그간 고려시대의 묘제를 따랐던 혼유석 다섯 개의 고석 받침과 난간석이 없어지고 당시까지 볼 수 있었던 거대한 몸집의 문석인과 무석인의 모습은 작아지게 된다. 그리고 신도비가 없어지게 되었다. 그 과정에서 왕릉의 능침에 있던 석물의 모습도 바뀌게 된다. 사방의 사신도 벽화를 그렸던 석실도 회격묘제도로 바뀌게 된다. 옮겨지기까지 18년이라는 시간 동안 중간에 조선 제7대 왕인 세조의 명에 의하여 능묘제도가 바뀌면서 나타난 모습이다.

영릉英陵은 세종대왕으로 널리 알려진 조선 제4대 왕과 소헌昭憲왕후가 잠들고 있으며 그 옆 언덕 너머로는 조선 제17대 효종과 인선황후가 모셔진 녕릉寧陵이 자리하는 곳이다. 영릉에 모셔져 있는 세종은 태종의 셋째 아들로 태어나 충녕대군으로 세자에 책봉되었다가 왕위에 오르게 된다.

영릉은 1970년대 후반에 정부의 성역화사업으로 대대적인 정비 사업을 통하여 지금의 모습으로 되었다. 그러한 사업의 하나로 충남 아산의 염티에 자리한 이순신 장군 묘역과 강릉의 오죽헌 사업 그리고 이곳 세종왕릉 사업으로 주차장 시설 등 주변 부대시설이 잘 되어 있다. 세종대왕기념관인 세종전이 자리하고 있으며 세종대왕이 만들었다는 물시계를 비롯하여 측우기, 관천대 등의 과학 장비들이 전시되어 있어 당시 세종이 얼마나 많은 문화를 정립하였는지 알려주기에 충분하다. 내부 전시에도 모형을 제작하고 밖에는 실물 크기를 만들어 놓아 답사자들에게는 또 다른 볼거리를 제공해 준다. 능역으로 들어서는 별도의 문이 있는 훈민문을 들어서면 금천교를 지난 물이 모아지는 서측에 방지方池가 용의 머리에서 물이 뿜어져 나온다. 왕과 관련한 여러 부분의 상징성을 강조한 듯하다.

능침으로 가는 오른편의 양지 바른 곳에 자리한 능참봉이 거주하던 재실은 가운데 솟을문을 두고 좌우로 여섯 칸의 행랑채와 대청마루, 온돌방 곳간으로 구성되어 있다. 솟을대문은 중앙 기둥에 세우고 어칸은 살가지 창을 세워 일반 사대부의 한옥과는 다른 재실공간의 위엄을 갖추고 있다. 안채는 일자형 팔작지붕으로 대청과 온돌방, 툇마루가 꾸며져 있고, 능침이 바라다 보이는 방향의 끝 칸에 누마루를 갖추고 있다. 마치 재실의 배치는 안채가 능침이라면 행랑채는 "ㄷ"자 모양으로 곡장과 같이 솟을대문에서 자오선의 축을 대칭으로 안채를 감싸고 있는 모습이다. 재실을 지나면 조선시대 왕릉 최초의 합장릉인 영릉으로 가는 길이다. 홍살문으로 가는 길은 소나무 숲길이 이어지고 넓게 자리 잡은 영릉이 시야에 들어온다. 금천교를 지나기 전에 능침은 소나무 가지에 가려 홍살문과 정자각만이 보이고 홍살문을 지나면서 서서히 오른편으로 사초지 위에 자리한 능침공간이 보이기 시작한다. 잠시 홍살문을 받치는 주춧돌을 살펴보자. 팔각은 팔각인데 연잎을 업어 놓은 듯 곡선이 유려하고 그 위에 붉은 살가지를 조립한 기둥을 세웠다. 홍살문에서 정자각으로 이어지는 참도가 중간에서 꺾이는 형식도 조선왕릉에서 처음으로 나타나는 모습이며 황제 제도가 아님에도 신도, 왕도, 세자도를 구분하여 3도를 만들어 놓았다. 그리고 답도는 장대석으로 구획하고 박석으로 채우는 것으로 아는데 이곳은 네모난 판석으로 꾸며져 현대화된 감각을 느끼게 한다. 정자각은 장대석을 3단 쌓지 않고 갑석 아래 판석과 지대석을 세워 만들었다. 갑석에는 물 끊음선을 두고 있다. 그리고 기단 좌우에 세워 있는 향로도 궁궐에서 봉화로 사용하던 것을 이곳에는 상징물로 세워 놓여져 있다. 이 모든 변형은 정부의 성역화사업으로 만들어진 산물이다.

따라서 잘 정비된 듯한 영릉의 능역은 지금까지 우리가 생각하던 조선시

녕릉(寧陵)의 정자각 계단

녕릉(寧陵)의 정자각

대 예법서인 《국조오례의》와는 차이가 많은 점을 발견해 보는 것도 이곳을 찾아 공부하는 즐거움 중 하나일 것이다. 정자각으로 오르는 신도는 구름무늬에 태극무늬 용수가 있는 소맷돌이 아닌 용의 모습을 하고 있다. 정자각에 오르면 전돌로 깔린 기단 위에 별도로 한단의 기단석을 대고, 원형기둥에 맞배지붕 형식의 초익공 공표로 가구된 겹처마 지붕의 모습으로 되어 있다. 지붕은 용마루에는 취두를 올리고 내림마루에는 3기의 잡상과 용두로 되어 있어 재실과 익랑의 위계 구분는 나타나지 않는다. 전체적인 정자각의 모습은 전면 한 칸, 측면 두 칸의 익랑과 재사공간으로 나누어 연결되어 있다. 정자각 좌우, 전면의 서편에는 정면 세 칸, 측면 한 칸의 수라방이 있는데 가운데 판문을 두고 좌우로 창문을 둔 제사에 사용할 제기를 임시로 보관하는 보관 건물이 있다. 그리고 오른편에는 수복방과 비각이 자리하는데 수복방은 한 칸의 온돌방과 판문으로 된 부엌과 창고가 자리하는데 능지기가 거주하는 곳이다. 수복방은 커다란 소나무 그늘에 가려 한옥과의 아름다운 만남을 보여주고 있다. 능침으로 올라보자. 그간 선왕들에서 볼 수 있었던 웅대한 석물은 없고 봉분의 주위에는 화려한 조각이 일품인 병풍석이 없이 봉분의 경계를 알리는 난간석만이 서 있다. 그리고 곡장을 바라보며 봉분을 지키는 석양과 석호는 눈을 부릅뜨고 호위하는 표정을 하고 있다. 곡장은 커다란 장대석을 기단석으로 두고 전돌을 둥근 화강석과 조립하고 있으며 지형의 단 차이를 이용하여 점차적으로 높이가 변화되는 모습과는 다르게 동일한 높이의 기와선을 하고 있는 특징을 발견할 수 있다. 봉분의 중앙 초계에는 네 개의 북석으로 받친 두 개의 혼유석이 있으며 좌우로 망주석을 세웠다. 합장릉을 나타내는 모습으로 한 개는 세종의 혼유석이고 한 개는 소헌황후의 혼유석이다. 중계에는 가운데 장명등이 세워져 있는데 장명등은 지붕돌과 몸돌로 두 개의 돌을 이용하여 조각한 것이다. 옥개석은 연잎을 덮고 2단의 지붕마루를 만들었으며 끝에는 연화문 막새를 조각한 겹처마 목조 건축의 양식을 한 팔각 지붕의 모습이다. 중간의 화사석은 네 개의 화창과 기둥의 모습을 조각하였으며 화창을 받치는 죽절굽의 다리에 연꽃의 앙련과 복련을 지지한 2단으

로 된 기단 부분은 향로 다리를 묘사하고 있다. 향로 위에 목조건물의 재실을 올려놓은 형태의 불을 켜는 의미의 장명등이다. 장명등 좌우에 있는 문석인은 눈이 둥글하고 매우 총명한 신하의 모습으로 홀을 들고 예의를 갖춘 모습이다. 학문에 관심이 많던 임금이기에 이를 지키는 문석인도 총명해 보인다. 하계에는 무석인과 석마가 있다. 무석인은 콧수염이 양 볼을 덮고 있으며, 굳게 잡은 칼등 위로 험상궂은 모습의 눈을 부릅뜬 괴면이 매우 인상적이다. 특히 혼유석을 받친 북석의 괴면이나 무석인의 갑옷에 새겨진 괴면은 쫑긋 세운 귀와 소뿔처럼 뿔도 조각되어 있고 드러낸 앞니와 이빨, 부릅뜬 두 눈은 금방이라도 공격할 것 같은 표정으로 능침을 지키고 있다. 이렇게 초계와 중계, 하계로 단을 나누어 석물을 배치하였는데 단을 이룬 기단의 높이가 높은 편이라 중간 좌우에 별도의 섬돌을 받쳐 놓은 것도 관심있게 봐야 할 부분이다.

세종대왕의 영릉을 내려와 오른편으로 약 10분 정도 걸어가면 조선 제17대 효종과 인성왕후 장씨의 녕릉이 자리한다. 이곳에 잠들고 있는 효종도 세종과 같이 반대파의 의견에 의해 동구릉에 있는 현재 영조의 릉에 있던 것을 이곳으로 옮기고 원릉이라는 능호도 녕릉으로 바뀌게 되었다.

효종은 선조의 다섯째 아들인 추존왕 원종과 인헌왕후 구씨 사이에서 태어난 첫째 아들 인조(조선 제16대 왕)의 둘째 아들로 인열왕후 한씨 사이에서 태어났다. 선조의 둘째아들로 광해군은 정비가 소생이 없어 후궁 공빈 김씨에서 태어난 자식으로, 1608년 선조가 세상을 떠나자 조선 제15대 왕으로 오르게 된다. 그러나 광해군은 아버지인 선조가 세상을 떠나기 2년 전에 계비인 인목왕후에서 영창대군이 태어나면서 영창대군을 후사로 삼자는 소북파와 광해군의 지지 세력인 대북파 사이의 대립이 일어나면서 피바람의 조선사가 이어지게 된다. 영창대군은 8살 되던 해에 서인으로 강등되고 강화도에서 의혹 속에 죽임을 당한다. 그리고 인목대비도 유폐에 의해 인조반정이 일어나게 된다.

한편 왕에 오른 봉림대군, 효종은 후금과 명나라 싸움에서 기묘한 외교 전술을 사용하여 국가를 보위하고 서적 간행에 힘을 썼다. 그리고 인조 때를 배경으로 적서차별을 고발하는 내용의 사회적 모순을 고발하는 센세이션한 조선시대 국문소설인 허균의 《홍길동전》과 우리나라 의사들에게 필요한 의학서적인 허준의 《동의보감》이라는 저술서가 나오게 된다. 1616년에는 일본으로부터 담배가 우리나라에 들어오기도 한다. 인조반정을 통하여 왕이 된 인조는 1636년(인조 14)에 청나라가 조선을 침략하는 병자호란이 일어나자 남한산성에서 굴욕의 삼전도비를 남기게 되었다. 이러한 상황에서 조선 제17대 왕으로 오른 효종은 북벌론에 매진하게 된다. 그리고 북벌을 위하여 어영청을 강화하고 군사훈련을 실시하였다. 그러나 이 비밀이 친청파인 김자점에 의해 청나라가 알게 되고 더 이상의 군사계획을 이룰 수가 없게 된다. 차후에 역적인 김자점은 효종이 제거하게 된다. 효종은 병자호란으로 패한 조선 왕실을 대표해서 소현세자와 함께 청나라에 잡혀가 8년을 살게 되었으며 인선왕후와 가례를 치르게 된다.

지금부터는 나라가 쇄약해 해외에서 많은 시간을 보냈던 효종이 잠들고 있는 녕릉으로 발길을 재촉해 보자. 녕릉은 입구에 능참봉이 거주하고 왕이나 제사를 위해 참가하는 사람들이 기거하는 재실(보물 1532호)이 자리한다. 재실은 행랑채와 안채로 구성되어 있는데 행랑채는 능침으로 가는 오른쪽에 자리하고 정면 열다섯 칸, 측면 한 칸의 크기의 맞배지붕으로 네 번째 한 칸을 솟을 대문으로 꾸며져 있다. 특히 행랑채는 건축적인 아름다움과 정성이 발견되는데 먼저 행랑채 보호를 위해, 빗물에 의해 무너지지 않도록 장대석으로

녕릉(寧陵) 인선왕후를 지키는 석호의 모습

녕릉(寧陵) 효종의 왕릉

정성 들여 쌓고, 중인방 아래는 화방벽으로 외부로부터의 피해가 없도록 꾸며져 있다. 화방벽 위에는 이분합 격자무늬 창문을 내어 채광 및 통풍을 돕고 있다. 화방벽을 잠시보자. 커다란 강돌은 아래에 쌓고 그 위에는 1자 내외의 둥글둥글한 크기의 강돌을 이용하여 하얀 양회로 줄눈을 넣은 모습이 아름답게 시야에 들어온다. 또한 정성스럽게 쌓은 화방벽 4군데에 굴뚝을 벽에 넣어 만든 모습 또한 한옥에서나 볼 수 있는 아름다움이다. 아름다운 안채는 장대석 이벌대의 기단위에 방형 주춧돌 위의 방주를 기둥으로 전면 여섯 칸에 측면 두 칸의 홑처마 맞배지붕 형식의 건물이다. 공간은 부엌 쪽으로 툇마루를 둔 두 칸 반의 온돌방을 두고 가운데는 대청마루와 건넌방을 꾸미고 있다. 그리고 마당 한 켠에는 수백년 됨직한 거대한 느티나무가 자리하고 있으며 담장 아래로는 천연기념물 제459호로 지정된 회양나무가 있다. 일반적으로 우리가 보는 회양목은 잔디밭이나 정원의 경계에 심는 무릎 아래 크기 정도이며 이렇게 큰 회양목은 매우 희귀한 사례이다. 이처럼 효종 재실에서는 눈여겨 볼 나무들이 있다. 재실을 지나 싱그런 나무들과 이야기하며, 아름다운 산책길을 걸어 소나무 숲 끝에 서면 홍살문이 나타나고 높게 만든 팔각주 모양의 주춧돌에 홍살문이 세워져 있다. 홍살문 사이 정자각과 비각 사이로 인선왕후능이 보이고, 정자각 뒤편으로 효종의 능침이 자리하고 있다. 녕릉은 배치가 특이한데 상 · 하혈이 모아지는 곳에 왕릉과 왕비릉을 조성한 관계로 측면에 나란히 배치되지 않고, 왕비 능이 앞으로 나온 동원상하봉同原上下封형식의 능침 배치를 하고 있다. 이러한 배치로는 조선시대 왕릉의 최초 형태로 매우 인상적인 모습이다.

홍살문을 들어서면 전면에 정자각까지 참도가 깔려 있는데, 삼도의 형식으로 중앙의 신도는 3줄의 박석을 깔고, 어도와 세자도는 박석 한 줄을 깔아 놓아 신도의 중요성을 강조하고 있다. 이 참도는 정자각 앞을 거쳐 오른편 계단 앞까지 이어지는 것이 특징이다. 또한 눈여겨 볼 것은 금천교가 홍살문을 지나 참도의 가운데 지점에 자리한다는 것이다. 금천의 바닥은 손상되지 않도록 긴 장대석을 정성스럽게 꼼꼼히 깔아 놓아 금천을 보호하기 위해 정성

녕릉(寧陵)의 비각

을 다한 모습을 느끼게 한다. 그리고 참도의 좌우에는 전면 세 칸, 측면 한 칸 크기의 맞배지붕 형식의 수복방과 수라방의 건물이 자리하고 있다. 정자각 주변으로는 넓게 박석이 깔려 있고, 3단의 장대석을 쌓은 기단 위에 정자각은 익공계의 건물로 지붕에는 잡상이 세 개와 용두가 올려져 있다. 그리고 용마루 끝에는 취두가 올려져 있다. 지붕의 장식만으로는 회랑과 제사공간의 위계를 구분하지 않고 있는 모습이다. 정자각 아래의 비각은 넉넉하게 만든 커다란 장대석의 기단 위에 팔작지붕 형식을 하고 지붕에도 정자각과 같이 세 개의 잡상과 용두가 올려져 있다. 잡상은 서유기에 나오는 인물들로 삼장법사는 가사장삼대신을 입은 스님의 모습이 아니고, 지붕에서는 머리에 갓을 쓰고 몸에는 갑옷을 걸쳤으며 눈은 부릅뜨고 다리를 벌리고 위풍당당하게 앉아 있어 수행자의 모습이 아니라 오직 무사로서의 위엄을 갖추고 있다. 두 번째 앉아 있는 손오공도 삿갓을 쓴 포졸의 모습으로 이들은 주로 천지를 떠도는 잡신이나 귀신을 잡아 왕릉을 지키는 벽사 의미를 나타내는 일종의 군사들인 셈이다. 저팔계도 뚱뚱한 몸매의 저돌적인 모습이 아닌 얌전한 포졸의 모습으로 앉아 있으며, 지붕 마루 끝에 모든 임무는 이곳에 승천한 왕을 위한 일이라는 무언의 의미로 용두가 입을 벌리고 있는데, 자세에서 한치의 소홀함이 없으라고 기를 불어 넣어 주고 있다. 특히 비각은 전돌에 양회로 일정한 줄눈을 맞추어 쌓은 화방벽이 기둥 중앙 아래의 중인방까지 낮게 마무리되어 있고, 그 위에는 살가지 창을 길게 세워서 개방감이 느껴지는데, 다른 왕릉의 비각은 사람의 시선 위까지 화방벽을 막는 것과는 차이가 있다. 그러한 영향으로 작지만 웅장한 자태를 갖추고 있다.

사초지 위에 오르면 뒤편의 효종이 잠들고 있는 능침에는 기와지붕이 올려진 3면의 곡장으로 되어 있다. 왕릉에 보면 곡장 뒤편에 둥근 언덕을 볼 수 있는데 이곳은 풍수적으로 잉이라는 땅의 풍수에 의해 정기가 모여지는 곳으로 보면 된다. 특히 곡장은 왕릉에만 있는 것이 아니고 정치적 공이 큰 인물에게도 곡장을 하는 곳이 있다. 효종과 그의 비가 잠들고 있는 녕릉寧陵 언덕 뒤로 능침을 감싸고 자라는 홍송의 붉은 나무결과 푸르른 솔가지의 어울림이 아름답고 경건해 보인다. 사시사철 푸르름을 간직하고 있는 소나무들은 능을 호위하듯이 봉분을 향하여 절을 하는 모습이다.

봉분의 모습을 살펴보자. 봉분 주위에 병풍석은 없고, 열두 칸으로 만든 난간석이 봉분을 두르고 있으며, 난간동자석주는 상하에 양연엽과 복연엽을 조각하였다. 중간에는 구슬로 장식된 조각을 넣고, 중앙의 면에는 12간지를 써서 새겨 놓았다. 12간지는 12방위를 지키는 의미의 표시이다. 병풍석은 왕릉 석물 중에서 가장 규모도 크고 더욱이 조각의 정성이 많이 들어가는 부분이기에 조선 제7대 왕인 세조의 명으로 노역을 줄이고자 광릉에서는 보이지 않았다. 그러나 이 어명도 얼마가지 못하고 조선 제9대 성종의 묘인 선릉부터 다시 왕릉에 병풍석이 나타난다. 그것이 조선 제17대 효종의 능인 녕릉에서 다시 사라진다. 백성의 노역을 감해주기 위하여 실시한 좋은 제안도 손자인 성종의 선릉에서는 다시 부활하니 병풍석의 화려함에 빠지고 권위가 필요한 왕들은 그 유혹을 버리지 못하게 되었나보다. 어찌 보면 이러한 배경에는 조선시대의 끊임없는 외침과 당파싸움으로 얼룩진 사회적 배경도 한몫 했을 것이 분명하다. 봉분의 주위에는 석양과 석호가 교차되어 4기가 호위하며 지키고 있고, 봉분 전면에는 무섭게 화를 내고 있는 괴면이 조각된 북석을 받친 혼유석이 자리하고 있다. 북석의 괴면은 양각이 도드라져 눈과 커다랗게 벌린 입과 화가 난 듯이 이빨을 드러낸 모습의 사실감이 충만하다. 중계에는 중앙에 장명등을 두고 좌우로 문석인이 있고 그 옆에는 석마가 명령만 떨어지면 금방이라도 달려 갈듯이 준비된 모습으로 대기하고 서 있다. 장명등의 옥개석의 조각은 기와골을 표현하고 있으며, 끝에는 여의두문을 조각하고 있다. 상륜 부분의 연잎이 지붕을 덮은 듯이 있는 것이 아니고, 마치 연잎이 지붕을 잡고 있는 모습으로 꽃봉오리를 얹어 놓은 것 같은 모습이 매우 흥미롭다. 그리고 장명등 옥개석 밑으로는 겹처마 공포가구의 목구조 모습이 조각되어 있다. 특히 구름문, 당초문 등의 문양을 자제하고 구슬문양을 연속적으로 만들어 광창 혹은 안상이라 부를 수 있는 부분의 표현이 많다는 것도 효종과 인선왕후릉 장명등의 특징으로 볼 수 있다. 문석인은 머리가 매우 크고 몸체는 비교적 작아 얼굴 표정에 신경을 많이 쓴 듯하다. 과묵하고 총명해 보이는 얼굴 표정에서 묘주를 지키는 일을 충실히 수행할 것 같은 인상이 느껴진다. 그리고 그 아래의 하계에는 무석인이 옆에 한 마리의 말을 두고 묘주의 명령을 기다리고 있다. 무석인은 운동을 많이 한 무사의 모습으로 어깨가 매우 발달되어 있으며, 귀는 대각선으로 당나귀처럼 크고 턱을 앞으로 내밀어 누구든 힘으로 견주고자 하는 자는 용서할 수 없다는 듯 임자를 찾는 모습으로 조각되어 있다. 두 봉분이 부부의 능이므로 곡장은 뒤의 효종의 능에만 있는 것도 눈여겨 볼거리고 곡장을 빼고 보면 동일한 두 개의 능을 모사해 놓은 듯 배치나 모양이 거의 흡사하다. 살아서는 왕인 효종이 더 많은 권세를 갖고 있었겠지만, 저승에서의 부부는 균등한 배분으로 잠들어 있어서 더 행복해 보인다.

효종릉의
난간석

한편 영릉의 원찰은 신륵사이다. 신륵사는 1469년(예종1)에 세조비 정희왕후가 세종의 은혜에 감사한다는 의미로 보은사라고 사찰 이

름을 바꾸었다가 왕릉의 원찰제도가 성리학의 득세로 유명무실해지자 신륵사라는 신라 진평왕 때 원효대사가 창건할시에 지은 이름으로 되찾게 되었다. 무엇보다도 신륵사는 남한강의 강물이 절 방향으로 부딪쳐 생긴 암벽의 절벽 위에 자리한 절로 석탑과 통일신라시대 세운 보상화문양이 아름다운 커다란 전탑이 절벽 높은 곳에 자리하고 있다. 특히, 탑 하단부는 왕릉에서 방향을 나타내는 12지를 표시했듯이 전탑의 중간에 돌을 박아 간지를 조각해 놓았다. 영릉이 여주로 오고 왕릉을 관리하는 원찰이 되기 위해 준비된 듯한 일치

녕릉(寧陵)의 수복방

녕릉(寧陵)의
인성왕후의 능침

녕릉(寧陵)의 장명등

녕릉(寧陵)의 망주석

감이 든다. 특히 중국의 당나라 수도였던 서안에 가면 대안탑 소안탑이 있는 것을 볼 수 있듯이 남한강을 따라 통일신라시대에 당나라로 유학 갔던 스님들에 의해 유래된 전탑 양식은 당시 석탑과 목탑만을 세우던 탑의 모습에 획기적인 변화를 주었다. 이 형식은 도성이던 경주에도 일부 유행되긴 하지만 남한강을 따라 안동지역까지 들어간 전탑 문화는 안동의 신세동, 조탑동 전탑을 정점으로 보고 있다. 특히 남한강은 신륵사에 이르기까지 탑평리사지, 김생사지 등 하안의 절벽마다 세워져 있다. 배가 운송의 중심이던 당시에는 불교의 부처님의 힘을 빌어 안녕을 기원하던 모습의 역사가 자리한 곳이기도 하다.

영릉(英陵)의 연지

5 조선의 용龍을 희롱한 여인천하

서오릉(西五陵)

푸르른 송림이 아름다운 능침으로 가는 길

덕종의 사초지

서오릉은 한자의 표기로 한양 즉 지금의 서울의 서쪽편에 있는 다섯 개의 능이 있는 곳을 말한다. 서오릉에는 조선시대 제7대 왕이였던 세조의 맏아들인 의경세자가 추존되어 추존왕 덕종과 그의 부인 소혜왕후의 능인 경릉敬陵이 자리한다. 그 후 1470년인 성종 원년에 조선시대 제8대 왕이였던 예종과 그의 부인이던 원비 장순왕후의 뒤를 이어 왕비로 책봉된 인순왕후의 능인 창릉昌陵이 자리하게 된다. 이어서 세 번째로는 숙종의 원비인 인경왕후가 홀로 모셔져 있는 익릉이 1681년(숙종7)에 자리하게 된다. 또한 서오릉의 관리소 바로 뒤편에 위치한 명릉明陵은 조선시대 제19대 왕이였던 숙종과 제1계비 인현황후, 제2계비 인원황후의 능침으로 원비는 홀로 두고, 두 계비가 자리잡게 된다. 그리고 창릉으로 오르는 오른편으로 조선 제21대 영조의 원비인 정성왕후 서씨가 잠들고 있는 홍릉弘陵이 자리하게 된다. 그 밖에도 서오릉의 영역 안에는 원이 두 개, 묘가 1기가 자리하고 있다. 원은 순회세자의 무덤인 순창원과 영빈이씨의 수경원이 익릉의 좌우 언덕에 자리하고 있다. 또한 대빈묘인 희빈장씨의 묘역이 경릉의 아래쪽으로 자리하고 있으며 5기의 왕릉을 중심으로 이를 묶어 우리들은 서오릉이라 부르고 있다.

우거진 소나무 숲을 지나 관리사무소에 도착하면 우리는 어느 쪽부터 발길을 옮겨야 하는 건지 잠시 생각에 잠기게 된다. 특히 넓은 영역에 산포되어 있는 능역에서는 이러한 망설임이 더하게 된다. 그러나 서오릉에서는 왕에 오른 순위부터 답사를 권하고 싶다. 서오릉에서는 가장 먼저 왕위에 오른 예종의 형인 의경세자를 모신 경릉과 예종의 능인 창릉부터 시작하는 것을 권하고 싶다. 답사 동선의 흐름에서도 가장 높은 곳, 그리고 먼 곳에 창릉이 위치해 있지만, 왕릉의 조형방법과 그 앞에 세워진 묘역의 석조물들의 배열과 형식도 시대적인 변화뿐만 아니라 정치적인 변화사를 표현하고 있으니 이 방법을 권하고자 한다. 그리고 세조의 첫째아들인 의경세자, 추존왕인 덕종과 소혜왕후가 모셔진 동원이강릉인 경릉부터 서오릉의 승천한 용 중 첫 번째 용은 경릉에서 만나는 것이 좋을 것 같다.

주차장에 내려 왼편의 길을 따라 우거진 숲을 건노라면 명종의 큰아들이던 순희세자와 비인 공회비 윤씨가 모셔진 순창원 앞을 향해 걷다가 경릉 앞을 지나 꼬불꼬불 숲길을 걷게 된다. 우리는 긴 거리를 걷다 보면 그 시간의 무료함을 달랠 길이 없어 머뭇거리는 우리의 모습들을 보게 된다. 그러나 여기는 왕릉이다. 산자들의 공간이 아닌 이 세상을 떠난 이들의 공간에 들어가는 것이다. 화려했던 지난날의 왕궁이 아닌 죽은자들의 세상을 엿보기 위한 우리들의 시공초월의 만남의 시간인 것이다. 그 긴 길을 걸어오면서 지난날의 긴 역사 시간으로 그들과의 정신적인 교감을 느끼고자 하는 것이다. 그러므로 긴 걸음이 요구되는 동안 현실을 잠시 내려놓고 그분들과 대화하는 마음으로 함께 산책길을 걷는다고 생각하면 좋을 것이다. 당시의 그분들의 생활을 되새겨보면서 마음의 준비 시간을 갖으면, 무심히 나부끼는 산들 바람이 옷깃을 스치고 역사의 시계가 우리의 가슴속으로 스며들어 온몸으로 느끼게 할 것이다.

경릉敬陵은 세조의 첫째 아들이며 왕세자로 있다가 돌아가신 분으로 그의 아들 성종이 조선 제9대 왕으로 되면서 추존왕 덕종으로 되었다. 이곳은 덕종과 그의 부인 소혜왕후 한씨는 왕을 넘어 조선 왕조 최고의 권력에 오른 여인으로 인수대비가 잠들고 있는 능이다. 한편 일찍 세상을 떠난 의경세자는 해서에 능하고 예의 바른 분으로 세조의 사랑을 한 몸에 받았다. 그러던 세자가 악몽에 시달리다 세상을 떠나게 된다. 의경세자이던

왕으로 승격되었어도 대군묘 형태로 있는 경릉

덕종에게는 월산대군과 자을산군의 두 아들이 있었고 그 중 둘째인 자을산군이 조선 제9대 왕 성종이 된다. 소혜왕후는 부녀자의 예의범절을 내용으로 하는 내훈內訓이라는 저서를 남기게 된다.

경릉은 산에서 내려오는 계곡물이 정자각 좌측편을 돌아 홍살문 앞으로 흐르고 그곳에는 금천교가 자리한다. 금천교는 사악한 일들이 물을 이용하여 능역을 침범하지 말라는 벽사의 의미로 마을 앞에도 내를 건너 마을을 들어가는 것처럼 우리 조상들은 대대로 물을 신성시하고 그것을 이용하여 생명을 보호받는 것으로 여기어 왔다. 이와 같이 왕릉에서도 왕은 용龍이요, 용은 물을 즐거워하는 것을 의미하니 물이 가까이에 있는 것이 당연한 원칙이다.

자을산군(후에 성종)을 지명한 세조의 비인 정희왕후 윤씨는 궁궐에서 비오는 날 옆에 있던 환관이 벼락에 맞아 죽는 것을 보고도 요동이 없었다고 한다. 자손이 필요한 왕실에서는 강한 세자가 필요했던 것으로 보인다. 성종은 정희왕후의 뜻을 알았는지 왕에 올라 12명의 부인과 28명의 자녀를 두는 정력을 과시하게 된다. 성종이 마음 놓고 많은 부인을 둘 수 있는 것도 대왕대비로서 윤씨가 눈을 감고 묵인해준 결과로 보인다. 이분은 성종의 비인 폐비 윤씨가 낳은 연산군에 의해 세상을 떠나게 된 비운의 여인 인수대비이시다.

경릉으로 가는 길은 새소리를 들으며 소나무 오솔길을 걷는 아름다운 길로 숲으로 걷다보면 소나무 숲 사이로 능역이 조금 보이는 극치감을 느낄 수 있는 곳이다. 길게 뻗은 참도를 걸어가다 보면 오른편 소나무 가지 사이로 나무에 걸려 있듯이 자리한 수복방이 나타난다. 수복방은 능참봉이 순찰을 돌며 지키던 곳으로 가운데 온돌방을 두고 대청과 부엌이 꾸며진 세 칸의 단출한 맞배지붕 기와집이다. 그리고 정자각 오른편에는 한 칸자리 자그마한 팔작지붕의 비각이 세워져 있다. 비각은 지붕 마루 아래 부고를 하얀 삼화토로 높게 바른 특징을 보이고, 내림과 추녀 마루는 암막새로 마무리한 것이 다른 비각과 다른 점이다. 비각안의 비문에는 1755년에 세운《조선국 덕종대왕경릉 소혜왕후부우강》즉 묘의 표시석으로 덕종의 우측 언덕에 소혜왕후가 자리하고 있다고 쓰여 있다. 정자각에서 바라보면 우측 언덕이 덕종의 능이다.

경릉의 소혜왕후 한씨 무덤 석물

조선왕릉 중 병풍석과 무석인이 없는 왕릉이다. 그리고 왕비의 능보다 높은 언덕에 자리하고 곡장 안의 석양과 석호가 4마리씩 두고 있으나, 왕비릉은 2마리씩 4마리가 사방만을 지키고 있을 뿐이다. 그리고 망주석도 없다. 봉분 뒤편에 발달된 잉孕이라는 언덕에 소나무가 병풍석을 대신하여 아름답고 아늑하게 감싸 안고 있기에 간략화 속에 소박한 정서가 흐른다. 사초지 동편에서 능침으로 거의 기울어지듯 자라는 호위병 같은 소나무 숲은 덕종에게 예의를 갖추고 대기하는 신하 같다는 생각이 든다. 잔디로 덮여 있고 봉분 주위에 장식으로는 추존왕이였기에 석양 2마리 석호 2마리가 호젓이 지키고 있다. 봉분을 지키는 호랑이는 눈만 멀뚝하니 뜨고, 곡장 밖의 동태를 파악하는 표정으로 서 있고, 수컷 산양인 석양도 수줍은 듯 꼬리를 내려 뒤를 가리고 있다. 혼유석을 받치는 북석과 팔각장명등의 화사석에는 문양 없이 간략화된 화사와 옥개만을 쓰고 있는 모습이다. 중계에는 문석인만 서 있고 봉분 앞에 눈을 지그시 뜨고 입술을 오므린 표정으로 홀을 짚고 있는 손도 손가락을 아래쪽으로 수줍은 듯 잡고 있다. 매우 소심한 왕으로 생각한 석공들의 표현이 아닌가 생각한다. 아무리 악몽이 심하기로서니 죽음까지 가야하는 나약함이 백성들에게 느껴진 것 같다. 한편 그의 비는 인수대비다. 조선시대를 떠들썩하게 하고 지금도 사극에 자주 등장하는 대표적인 여인으로 우리는 그 분이 어떤 성격의 여인이었는지 알고 있다. 그는 이곳에 잠들기 전에 대왕대비이셨다. 자신이 원하는 대로 많은 것을 이루었지만, 막무가내인 연산군에게는 방법이 없었다. 그는 세월의 한계를 그리고 인간의 힘의 한계를 느끼고 비참하게 생을 마감하였다. 능은 곡장을 두르고 난간석을 두르고 있으며 난간석의 동자석이 일자로 되고 위만 봉오리 모양으로 만든 단순한 모습이지만, 풍화된 앙련과 복련으로 조각되어 있음을 확인할 수 있다. 석호는 매우 해학적인 표정인데, 앞발을 움츠리고 약간 머뭇거리면서 금방이라도 봉분을 수호하는데 허점이 없음을 확인하려는 듯 잔뜩 긴장한 모습이다. 석양의 모습은 어떤가? 고개를 숙이고 엉덩이가 잔뜩 올라간 모습으로 금방이라도 벽을 들이받을 것 같은 모습으로 눈을 둥그렇게 뜨고 정면을 주시하고 있다. 석양의 뿔은 분명 뒷모습에서 선택된 수놈임을 보여주고 있다. 혼유석은 거의 정방형에 가까울 정도로 크고 넓다. 살아생전의 활동 영역이 넓었던 분이시라 영혼이 되어서도 넓은 공간이 필요할 것이라 여겨 만들어 준 것이 아닐까 생각이 든다. 장명등은 덕종 능의 앞에 있는 형식과 같은 팔각장명등으로 문양이 과감하게 생략되어 있음을 알 수 있다. 문관석은 인수대비의 기개에 기선이 눌린 듯 눈만 껌뻑 껌뻑하는 신하 같은 표정으로 입이 대발 나온 모습이다. 그리고 손에 잡고 있는 홀도 매우 짧아 누구한테 빌려 들고 있는 듯 하며 얼굴에 비해 머리가 매우 작은 문석인을 대동하고 있다. 무석인은 눈이 충혈된 것 같이 눈두덩이가 발달되고 귀를 잔뜩 덮은 투구는 뒤에서 뒷통수라도 맞으면 안 되는지 긴장된 표정으로 칼등을 꼭 누르고 있는데 칼이 손과 팔뚝의 크기에 비해 매우 왜소하게 조각되어 있다. 매우 해학적인 무석인으로 갑옷을 지나치게 두껍게 입은 듯 우둔해 보이기까지 한다. 신체의 비례 관계는 어색하지만 구슬 모양으로 촘촘히 표현된 갑옷, 주인의 부름에 금방이라도 아뢸 것 같이 긴장된 얼굴 표현은 매우 정성된 모습의 조각으로 보여진다. 현재 우리의 눈에 보이는 소혜왕후 능은 온전한 왕릉의 석물을 갖추고 있다. 덕종의 능이 추존되었어도 대군 당시의 모습을 갖게 된 것은 추존되었어도 그대로 석물을 두라는 부인 소현왕후의 명령에 따랐다고 하니 경릉을 둘러보면서 그 당시 여인

경릉 석수와 석인의 모습

의 힘을 다시 한번 느낄 수 있었다.

서오릉에서 가장 산 안쪽에 자리한 창릉은 조선 제8대 왕인 예종과 계비 안순왕후가 잠들고 있다. 세조와 정희왕후 사이의 둘째 아들로 태어난 예종(해양대군)은 1년 조금 넘게 왕에 있다가 19살에 승하하였다. 예종은 2명의 부인을 두었는데 원비인 정순왕후 한씨로부터 인성대군을 낳았지만 세 살 때 세상을 떠나게 된다. 일년 후 세자빈으로 청주부원군이던 한백륜의 딸과 가례를 올리고 계비 안순왕후 한씨로부터 나은 첫째 아들 성대군이 태어났다. 그러나 예종이 승하할 당시 나이가 3살에 불과하여 다음 왕위는 정희왕후인 인수대비에 의해 의경세자의 둘째 아들 자을산군으로 정해졌다. 바로 이 분이 조선 제9대 왕인 성종이시다. 개화가 되다만 한 송이 꽃을 만나러 가는 길에 홍살문에 다다르기 전 비호교라는 금천교를 건너가야 한다. 금천교는 세속과 영혼의 공간을 나누는 역할을 하는 다리로 벽사의 의미도 내포하고 있다. 비호교가 한글로 쓰여 있어 어떻게 생각해야 할지 모르지만, 용이 잠드는 곳에 호랑이도 어울리는지 이곳을 오는 여러분들의 판단에 맡기고 싶은 다리 이름이다. 동원이강릉의 모습을 하고 있는 창릉은 홍살문 밖의 오른편으로 전돌을 깔고 화강석으로 틀을 만든 배위가 자리하며, 문을 들어서면 참도를 따라 정자각에 다다르게 된다. 신도와 어도로 구분된 참도는 정자각 앞에서 없어지고 정자각의 우측의 계단으로 오르게 되어 있다. 정자각까지 잘 모셔져야 할, 왕의 발길은 이곳에서 멈추어야 하는 매우 독특한 참도로 되어 있다. 정자각의 기단석은 수평줄눈쌓기로 지대석과 면석, 몰딩한 물 끊임이 선명하게 뚜렷한 갑석을 사용하여 엄격한 질서가 느껴진다. 기단 위에 다시 1단을 높이고 둥근 주좌가 만들어진 주춧돌 위에 둥근기둥으로 이익공의 공포로 짜여져 있다. 단청은 푸른색이 많은 양록을 기본 바탕으로 부재의 끝에만 그리는 머리초 단청으로 차분하고 냉정한 분위기를 준다. 방풍판 널을 박공에 막은 익랑을 내밀고 서 있는 맞배지붕의 "정丁자"형 건물이다. 지붕의 용마루에는 치미를 올리고 내림마루에는 3마리의 잡상과 용두가 꾸며져 있다. 사초지는 동원이강릉이기에 좌우 능선에 하나씩 봉분이 자리 잡고 있는데 정자각에서 보면 왼편이 예종의 능이고, 오른편이 안순왕후의 능이 된다. 이 두 능의 중심축은 정자각이 아니고 평행선상으로 배치되어 있는데 두 분의 정이 짧아서인지도 모른다는 생각을 들게 한다. 예종 능으로 예를 표하러 가보자. 석인의 가까이에 소나무가 심어져 있어 소나무를 차양처럼 머리에 받치고 있는 풍경이 매우 특별한 분위기를 준다. 예종의 능은 12방향 난간석을 두르고 석양과 석호가 봉분을 호위하고 있다. 곡장의 끝단에는 방형의 지대석에 죽절무늬로 2단을 나눈 화려한 앙련仰蓮과 복련伏蓮의 기단 위에 망주석의 몸돌을 세워 놓고 가슴에 구멍이 뚫려 있는 작은 세호를 조각해 놓았다. 봉분의 정면에는 네 개의 북석을 받치고 올려진 혼유석이 놓여져 있다. 북석에 도깨비의 얼굴이 대부분인데 이곳은 꽃무늬의 자방에 문고리를 걸고 있는 모양을 조각하고 있어 예종의 혼이 꽃 위에 앉아 있도록 만들어 놓은 것이 이채롭다. 그뿐만 아니라 안순왕후의 북석은 사슴뿔처럼 뿔을 갖고, 귀를 갖은 도깨비 문양을 하고 있는데, 이 또한 조선왕릉의 북석으로는 드문 사례다. 혹시 용문龍文이 아닌가 한다. 용은 사슴의 얼굴에 소의 귀, 사슴의 뿔이라고 하였는데 거의 비슷하게 보인다. 같이 한번 자세히 보고 판단해서 결정지어 보자. 그 앞에는 팔각장명등이 자리하고 있는데 옥개석 위에 보주처럼 둥근 돌이 올라가 있지 않고 연잎 한 장이 덮고 있는 형태로 둥글게 마무리되어 있는 독특한 모습이다. 또한 연꽃잎이 아닌 화려한 보상화문을 아래위로 기단석을 표현하고 투창의 화사석을 하나의 돌로 만들어져 있다. 화창을 받친 팔각 몸돌의 당초문으로 엮은 표현은 고리금 형태로 세련되게 나타내고 있는데 이 장명등은 석공의

사실적 표정의 북석 괴면의 창릉 혼유석

세련되고 섬세한 조각 솜씨가 보여지는 작품이다. 두 능의 장명등은 동일한 조각의 문양을 하고 있다. 예종의 문석인의 손을 잡은 모습을 자세히 살펴보면, 서편에 있는 문석인의 손은 왼손을 오른손으로 덮고 있고 동편의 문석인은 깍지를 끼고 있는 차이를 보인다. 이뿐만이 아니고 표정에서 더욱 차이점을 찾을 수 있다. 놀란 모습의 둥근 눈동자에 툭 튀어나온 눈동자, 도드라진 예쁜 입술을 가진 서편의 문석인과 달리 동편의 문석인은 지그시 표정을 짓고 꼭 다문 작은 입술의 경직된 모습을 하고 있다. 더욱이 수염도 어깨 위로 올라가지 않고 겨드랑이 쪽으로 말려가는 모습은 꽤나 고지식한 분위기를 준다. 그럼 무석인의 모습은 어떤가? 동편의 무석인은 둥글고 휘둥그레 놀란 모습으로 입술을 꾹 다물고 "누구든 왕릉에 얼씬거리거나 덤비면 알아서 하라."는 표정을 짓고 있으며 손은 칼의 손잡이 끝을 왼손에 올리고 오른손을 얹어 놓고 있다. 옆에 있는 석마도 같은 표정으로 긴장된 눈동자를 보이고 있다.

한편 동편의 무석인은 볼이 아래로 통통하고 큰 코에 눈 밑 애교살이 있지만, 꽉 다문 입술의 표정은 근엄하려고 노력하는 아저씨 같은 인상이다. 이렇게 사람의 얼굴 표정은 천차만별이며 조선왕릉의 석인들의 모습은 같은 표정이 하나도 없다. 이것은 만든이 나름대로 자신이 생각하는 지킴이의 표정을 머릿속에서 각자 다르게 생각했기 때문이다. 최근에 석재가게 앞에 서 있는 석인들은 수 십개가 하나같이 똑같다. 기계의 마음으로 만들기 때문에 손으로 만든 것과는 회화성이나 예술성, 작품성에서 많은 차이가 난다. 이러한 석공의 손때 묻은 왕릉 석물들의 정성어린 예술품은 전 세계의 학자들에게도 분명히 전달되어 세계문화유산이 되는데 한몫을 한 것이 분명할 것이다. 건너편에 있는 안순왕후의 석인들을 가까이에서 보면서 이것을 왕후 생전의 모습을 생각하고 이 분을 지키는데 필요한 모습은 무엇인가 하는 고민 끝에 만든 석공의 작품으로 보면 어떨까 한다.

창릉은 서오릉에서 가장 먼저 자리 잡은 왕릉이다. 예종의 첫 번째 부인은 한명회의 딸이고 이후 3명의 딸을 왕비로 하는 역사에 남을 기록을 갖게 된 시작이었다. 예종은 이시애난 평정(1467년), 여진족 토벌 등 불세출의 장수였던 남이를 처형까지 몰고 가는 왕으로 짧지만, 조선 역사의 흐름에 큰 변화를 주는 계기가 된 사건을 갖고 이곳에 잠들게 되었다.

그 후 한동안 서오릉에 왕릉이 자리 잡지 않고 있다가 조선 제19대 왕인 숙종과 제1계비 인현왕후, 제2계비 인원황후의 능이 서오릉으로 자리 잡게 된다. 명릉은 서오릉의 초입에 자리한 왕릉으로 숙종은 두 계비와 정자각 하나를 두고 함께 하지만, 원비 인경왕후는 뒤편의 다른 장소에 익릉이라는 능호를 갖고 따로 자리하고 있다. 숙종은 현종이 승하하면서 13세에 왕에 오른다. 나이가 어린 왕은 대비나 대왕대비가 대신 정무를 보는 수렴청정을 실시하는 것이 일반적인 사례이지만, 당시에는 남인들이 친정을 할 수 있게 도와주어 수렴청정은 하지 않게 되었다. 숙종은 무엇보다도 붕당정치의 대표자인

명릉의 정자각

명릉의 비각

명릉 인원왕후의 능침

명릉의 석호

숙원 장씨 장옥정 즉 장희빈이라는 여인의 등장으로 정국은 회오리바람이 분다. 한 여자에 빠진 왕은 정신을 차리고 돌아오는데 많은 시간이 걸리고, 결국은 승천 후에도 다음 왕인 경종(장희빈의 아들)때까지 정국 불안의 원인을 제공하게 된다. 그러한 과정 중에 기사환국己巳換局으로 장희빈 아들의 원자 추대를 반대하던 서인의 대표자 송시열은 건방진 괘씸죄로 죽게 된다. 정국의 반전은 갑술환국甲戌換局으로 인현왕후가 복위되지만 곧 세상을 떠나게 된다. 숙종과 함께 손을 잡고 잠들고 있는 제1계비 인현왕후 민씨는 숙종 15년 세자 책봉 문제로 장희빈의 모함으로 폐위되었다가 세력이 몰락하면서 복위된 왕비이다. 장희빈은 왕비가 된 조선 최초 중인 출신의 왕비이다.

명릉의 정자각과 홍살문의 축은 숙종과 인현왕후의 능을 맞추고 있으며 인원왕후 능은 먼 산을 바라보고 있다. 정자각은 맞배지붕 건물로 4줄의 장대석을 반듯하게 수평줄눈쌓기로 만들고 그 위에 세워 놓았다. 지대석 위의 면석으로 두 줄의 장대석은 아래보다 위를 얇게 만들어서 구조적인 안정감과 시각적인 안정감을 주고 있다. 둥근 기둥으로 두 칸의 익랑과 세 칸의 재실 부분이 정자 모양으로 이어진 건물로 재실의 세 칸의 어칸은 좌우의 협칸보다 기둥 폭을 약간 작게 하여 신문의 위계位階를 표현하고 있다. 세 칸의 정면은 4분합문으로 꾸며져 있고 둥근 기둥위에 공포는 이익공의 공포로 조립되어 있다. 화려하지는 않지만 제한된 단청의 문양에서 오는 엄숙함과 간략함 그리고 장엄함이 느껴진다. 지붕을 올려다 보면, 용마루 끝에 새깃 모양의 취두라는 검정색 기와가 하얀 삼화토와 대비를 이루면서 지붕을 장식하고 있다. 내림마루에는 중간에 용두를 놓고 잡상은 대당사부상을 앞에 두고 세 개를 연속하여 올려 놓았다.

잡상은 기이한 동물들의 모습들인데 《상와도像瓦圖》라는 책에 소개되어 있다. 잡상은 서유기의 주인공들로 지붕 끝에서부터 첫 번째가 대당사부大唐師父, 둘째가 손행자孫行者, 세 번째가 저팔계, 네 번째가 사화상獅畵像, 다섯 번째가 이귀박二鬼朴 순으로 되어 있는데, 왕릉의 정자각은 대개 세 개가 기본이고 다섯 개까지 하는 경우도 있으나 최근 들어 보수과정에서 두 개만을 사용하거

명릉 인원왕후의 난간석

숙종이 잠들고 있는 명릉

나 아예 없애는 경우도 있다. 비각은 팔작지붕에 사각의 주춧돌로 사각기둥을 세운 홑처마 팔작지붕 건물로 능역의 주인인 숙종과 제1계비 인현왕후, 제2계비 인원황후의 문패가 있다. 비각의 정면은 두 칸에 2짝의 판문으로 되어 있고 3면은 검정 전돌과 하얀 삼화토로 줄눈을 마감한 화방벽에 상부는 창끝 모양의 살창을 세워 사악한 기운이 넘보지 못하도록 사면을 돌려 꽂아 있다. 그리고 비각 안에는 두 개의 비문이 세워져 있는데 하나는 "조선국 숙종대왕 명릉 인현왕후부좌"로 사초지 위에 보이는 쌍릉의 문패이고, "조선국 인원왕후부우강"이라 하여 인원왕후仁元王后는 숙종의 능 오른편 언덕 위에 자리한다고 쓰여 있다.

숙종과 제1계비 인현왕후가 잠들고 있는 곳은 정자각에서 가까운 서편의 능선 위에 자리 잡고 있으며, 좀 더 먼 서편 쪽에 제2계비 인원황후 혼자만이 잠들고 있는 단릉이 자리한다. 먼저 숙종과 제1계비 인현왕후가 있는 곳을 찾아가 보자. 곡장안에 3단으로 지형을 닮아 만든 두 개의 봉분을 난간석으로 하나로 엮어 있는 모습이다. 사방으로는 석양과 석마가 사악함을 물리치고 명복을 빌기 위해 등을 맞대고 앉아 있으며 각각의 봉분 앞에 한 개씩 혼유석이 놓여 있고 정 가운데 중계에 사각장명등을 하나로 놓아 두 분이 함께 있음을 나타내고 있다.

난간석은 12면의 석주石柱와 팔각 돌란대에 각을 잡고 기둥갑석에 구멍을 꽂아 세웠다. 난간 기둥은 모를 접고 쌍사면으로 쇠시리하고 방위를 표시하는 십이간지十二干支를 조각함으로써 섬세함을 더했다. 난간동자는 상부에 앙련엽仰蓮葉 복련엽으로 조각하고 중간의 동자주에는 상부에 앙련엽仰蓮葉만이 장식된 조각을 넣어 세웠다. 망주석은 8면에 윤곽을 두르고 화려하게 핀 꽃을 새겨 놓은 기단석에 팔각주가 올려진 모습으로 세호가 매우 크게 조각되어 있다. 망주석의 세호는 조선 초기까지만 해도 알 수 없는 동물형상으로 중간에 투공이 뚫려 있는데 이곳은 날다람쥐처럼 생긴 세호가 조형미 넘치게 석주를 타고 올라가고 내려오고 한다. 서편의 세호는 아래로 내려가는 모습인데 동편의 세호는 올라가는 모습일까? 아니면 내려오는 모습일까? 가서 확

명릉을
지키는
석수
및
석인

인 해보자. 임무는 천상의 세계를 안내하는 연락의 통신 수단으로 보인다. 명릉은 봉분에서 첫 번째 초계初階, 한단 아래 중계, 마지막으로 하계가 뚜렷하고 단으로 구획되어 있다. 중계에는 봉분의 정중앙에 장명등이 배치되고 좌우로 문석인이 옆에 말을 데리고 서 있는 모습이다.

숙종과 제1계비 인현왕후가 있는 장명등과 제2계비 인원황후가 있는 능의 장명등은 사각 장명등의 형태지만 숙종의 장명등은 사각장명등에 옥개석이 사면의 지붕으로 사모지붕의 형태에 복련엽을 장식하고 보주를 올려놓은 형태이다. 인원왕후릉의 장명등은 팔작지붕 형태에 박공면까지 세밀하게 표현하고 있으며 겹처마 공포구조까지도 표현되어 마치 목조 건축을 보는 듯한 세련미를 보여주고 있다. 화사석을 받치는 기단부도 화사석 다리에 꽃잎이 표현되어 있고 2줄의 윤곽선 안에 한 송이의 활짝 핀 모란꽃을 조각하고 있다. 제2계비 인원황후 능 앞의 장명등은 늘씬한 다리 사이에 연잎을 한 묶음 표현하고 화사석 받침도 둘로 구획된 공간 안에 각각 한송이의 활짝 핀 모란꽃을 조각하여 생전의 모습이 아름다운 꽃으로 승화된 듯한 느낌이다.

숙종의 능 앞에 서 있는 문석인을 만나보자. 큰 몸집은 아니지만, 눈매가 매서운 눈초리에 더부룩한 얼굴은 매우 우직한 문관의 모습으로 서 있다. 홀은 몸에 비해서 매우 크고, 턱을 받치고 있으며 홀을 잡고 있는 손은 왼손이 오른손 위를 덮고 지

명릉의
12간지 난간석과
무석인, 석마

익릉으로 오는 길

익릉의 능침

익릉의 배위

익릉의 망주석

익릉의 정자각

익릉의 비각

나치게 과장된 모습으로 손가락이 표현되어 있다. 무석인의 표정은 인왕상 같이 뚝 튀어나온 눈망울과 커다란 광대뼈, 아래 입술에 힘이 잔뜩 들어간 표정으로 사물을 응시하는 진지한 얼굴이다. 그리고 손에 힘을 잔뜩 주고 잡고 있는 칼은 칼등과 손잡이 아래로 도깨비 문양이 선명하다. 그 옆에 대기하고 있는 석마는 눈을 동그랗게 뜨고 갈퀴가 선명하게 표현되어 있으며 다리 사이의 면석에는 난초꽃이 화사하게 피어 있다. 한편 건너편 제2계비 인원왕후 앞에는 총명하고 가름한 청년의 모습으로 홀도 얇고 가슴 아래에 대고 있으며 특이하게도 오른손의 엄지를 추켜들고 왼손을 감싸고 있다. 무석인은 커다란 코에 커다란 입술의 표정이 우스꽝스러운 모습이다. 갑옷의 모습이 지금까지 보던 왕릉의 무석인과는 모양이 다르다. 양 어깨에는 북석에 표현된 도깨비처럼 양각된 도깨비가 얼굴을 내밀고 있으며 가슴에도 커다란 귀면과 비늘모양의 갑옷이 입혀져 있다. 짚고 있는 칼도 고리모양의 대두 손잡이가 달려 있다. 문석인과 무석인 옆에 있는 말은 날씬한 다리에 선명한 얼굴선과 목선을 뚜렷하게 표현하고 있으며 다리 사이의 만개한 난초꽃은 3송이가 표현되어 아름다운 석마의 모습을 지니고 있다. 제2계비 인원황후의 능을 지키는 문석인은 왜 엄지가락을 세우고 미소를 짓는지 물어보고 싶을 정도로 세밀하게 손톱까지 표현되어 있다.

왕릉을 답사하다 보면 석상石像들을 볼 때 다 같아 보이지만, 만든 이가 전부 다르기에 지금처럼 얼굴의 표정에서 가장 많은 차이점이 발견되고 그 다음이 손가락과 홀의 위치에 차이가 발견된다. 한편, 숙종과 제1계비 인현왕후가 있는 능과 제2계비 인원왕후가 있는 능의 석물의 배치나 규칙은 동일하나 장명등과 무석인과 문석인의 표정은 다른 모습으로 두 곳을 함께 감상하면 더욱 석공들의 개성 넘치는 표현력과 조선시대 회화사를 조금이나마 알고 갈 수 있는 곳이다.

서오릉에는 숙종의 여인 4명이 다 모여 있다. 그 중 원비는 인경왕후 김씨로 13살에 왕비가 되었다. 그러나 19살에 천연두로 숨을 거두자 서오릉에 모셔지게 된다. 그러나 남편인 숙종은 두 계비의 품에 빼앗기고, 산속 깊은 곳에

홍릉을
지키는
석인과
석수

숙종의 안식처
명릉의 전경과
정자각 잡상의
지붕선

홍릉과 나무

영조의 정비 정성왕후의 안식처 홍릉 전경

홀로 남게 된다. 더욱이 장희빈의 묘도 서오릉 안에 있으니 서오릉은 숙종의 4명의 여자가 다 모여 있는 장소로도 유명하다. 원비인 인경왕후 김씨의 익릉翼陵은 참도가 매우 특이하다. 참도의 중간 정도에 홍살문을 세웠는데, 진입하는 길이 길어 시각적으로 능역이 매우 넓고 멀게 느껴진다. 또한 정자각의 좌우로 익랑이 한 칸씩 이어져 있는 것이 특징인데, 동구릉에서도 조선 제16대 왕인 인조 계비가 잠들고 있는 장렬왕후의 휘릉과 조선 제18대 왕인 현종과 명성왕후 민씨의 숭릉에서 익랑의 정자각을 볼 수 있다. 익릉은 곡장 안에 난간석을 두르고 양석과 호석이 봉분 주위를 감시하는 모습을 하고 있다. 난간석은 12면의 석주石柱와 팔각 돌란대에 각을 잡고 기둥갑석에 구멍을 파서 꽂아 세우고, 난간 기둥은 모를 접고 쌍사면으로 쇠시리하고 방위를 표시하는 십이간지十二干支를 조각함으로써 섬세함을 더했다. 난간동자는 상하에 앙련엽仰蓮葉과 복련엽을 조각하고, 중간에는 북모양의 동체에 구슬로 장식된 조각을 넣어 아름답게 만들어 세웠다. 석양은 몸의 길이에 비해 다리가 두툼하고 짧아 귀여운 모습이며, 다리 사이의 면석에는 예쁜 꽃을 조각하여 꾸며져 있다. 석호는 부릅뜬 눈과 얼굴이 잔뜩 주름이 잡힐 정도로 포효를 하며 어금니를 드러내고 있는데 석호는 자신의 임무가 봉분의 수호에 있음으로 사나운 표정을 하고 서 있다. 발톱을 보면 자세하게 조각되어 있는데 어금니와 발톱은 매우 날카로움을 더해준다.

망주석은 모란꽃이 만개한 모습을 팔면의 기단석에 조각하고 석주에는 세호가 오른편에 올라가고 왼편으로는 내려가는 모습을 새겨 놓았다. 망주석의 기단석 문양은 장명등에서도 같은 문양을 조각하여 화려함을 더해주고 있다. 옥개석은 특이하게도 겹처마집의 공포형식으로 만들고 추녀 끝에 여의두문을 조각하며 옥개석의 보주 아래에 도드라진 연잎의 모습으로 표현하고 있어 화려함을 준다. 또한 봉분 앞의 혼유석 받침돌인 북석은 도깨비문양이 도드라지게 표현되어 사방을 지키는 모습으로 자리하고 있다. 중계의 동서측에 봉분을 호위하듯 자리하고 있는 문석인은 미소를 약간 머금고 올려뜬 눈매와 홀을 오른손으로 왼손을 포개 턱 밑에 받치고 있는 여유로움에서 인경왕

홍릉의 배면

영조의 원비 정성왕후 서씨의 안식처 홍릉

후를 모시는 데는 한치도 부족함이 없다는 자신감이 느껴진다. 하계의 무석인의 표정을 살펴보자. 화려한 갑옷에 가슴에는 도깨비 문양의 흉배로 꾸미고 칼을 두 손으로 힘 있게 세우고 있다. 투구는 정면에 여의두문을 조각하고 목뒤를 감싸고 있으며 갑옷은 얼금문으로 장식하고 구름무늬의 복대에 꽃문양의 요대를 조르고 있다. 특히 팔꿈치까지 넓게 감싸 안은 갑옷은 덩치가 매우 커 보이면서 웅장해 보이기까지 하다. 그 옆에 대기하는 석마도 여유롭고 자신감 있는 표정으로 주인의 명령을 기다리고 있다. 봉분에서 정자각을 바라보면 정자각 용마루 너머로 관악산이 아득히 시야에 들어온다.

그리고 조선 제20대 왕인 경종과 선의왕후 능인 의릉懿陵의 정자각도 익랑이 있는데 의릉은 아름다운 능이라는 뜻으로 익랑을 꾸며 능호처럼 아름답게 꾸민 것이 아닌가 한다. 그뿐만이 아니다. 서오릉에 있는 의릉은 연못을 참도 중간에 두어 돌다리를 건너가는 참도와 연못 좌우에 석탑을 세워 조경에 신경을 많이 쓰게 만들어 놓았다.

서오릉에서 숙종의 며느리인 영조의 원비 정성왕후貞聖王后 서씨도 함께 자리하고 있다. 이 능은 영조가 직접 정한 곳으로 영조도 이곳에 함께 잠들길 바라던 곳이다. 그러나 자신이 잠들 자리를 비워 두고 함께 하려던 약속은 깨어지고, 곡장 안에 한쪽 편이 비워져 있는 조선왕릉 유일의 능역을 꼭 보아야 한다. 이토록 함께 하기를 원했던 것은 아버지 숙종의 계비이던 인현왕후仁顯王后와 인원왕후를 잘 모셔준 것도 고맙지만, 자신의 친어머니인 무수리 출신 숙빈 최씨를 잘 모셔 준 마음의 보답이었던 것이다. 그러던 영조가 예순이 넘어서 14세의 어린 왕비를 맞으면서 정성왕후貞聖王后 서씨의 옆에 함께하려던 꿈은 사라지게 되었다. 그 이유는 후대 왕의 손에 달려 있는데, 정조는 왕이 되어 아버지 사도세자(장조)가 뒤주에 갇혀 죽어야 했던 것을 가슴에 간직하고 있었기에 할아버지 영조의 유언을 저버리고 동구릉에 모시게 된다. 많은 여인들 속에서 갈팡질팡하던 자신의 판단 착오로 만들어진 이곳 홍릉은 영조의 일생이 녹아져 있는 곳으로 이 능은 창릉과 장희빈이 잠들고 있는 대빈묘 사이에 위치하고 있다.

홍릉을
지키는
석인과
석수들의
다양한
표정

모란꽃이 아름답게 조각된 홍릉의 장명등

6

조선의 마지막 자존심, 다섯 개 발톱을 가진 황룡皇龍의 능침陵寢

홍유릉(洪裕陵)

홍릉의 능침에서 바라본 재실과 평화로워 보이는 능침

연꽃이 아름답게 핀 여름날의 홍릉 연못 풍경

홍릉洪陵

남양주 금곡의 남쪽편에 자리한 이 능역은 나지막한 야산 아래 조선 제26대 왕인 고종이 잠들고 있는 홍릉이 자리한다. 홍릉洪陵은 그의 비인 명성황후와 함께 모셔져 있다. 그리고 그 옆 능선 아래에 조선 제27대 왕이신 순종과 순명효황후, 계비 순정효황후가 모셔진 유릉이 자리한다.

홍유릉의 아름드리 송림과 자연의 지형을 거르지 않고 있는 그대로의 언덕을 따라 돌아가는 아름다운 전통 기와 담장 길을 걷노라면 우리에게 역사적인 문화유산이 주는 자연과 시각적인 혜택에 대한 많은 감사함을 느끼게 해 준다. 우리의 조선왕릉이 세계문화유산으로 등재된 연유에는 조선시대 사상의 근본이던 조상에 대한 공경과, 씨족과 혈연을 강조하던 사회적 배경, 어느 나라 민족보다도 조상을 섬기는 것이 가장 큰 덕목의 하나였기 때문이다. 왕릉을 비롯한 우리 민족 누구에게나 조상의 묘를 잘 지키는 것이 중요하였다. 그 외에도 여러 가지가 열거될 수 있지만, 현대사회의 복잡한 사회 구조, 하루하루 긴장 속에 살고 있는 지금의 우리들에게 왕릉만큼 조용히 사색을 하면서 자연의 경관에 취해 힐링 할 수 있는 장소로 더 이상의 좋은 조건이 없는 것 같다. 왕릉이 서울 근교에 있기에 잠시 점심시간이라도 시간을 내어 갈 수 있는 장소로 현대인들에게 좋은 정신과 심신의 수련장으로 손색이 없다. 홍유릉도 수많은 자동차들의 소음 속에서 언덕하나 등지면 느낄 수 있는 아름답고 소중한 장소가 되었다.

한편 조선시대 왕들의 많은 사연이 우리 민족 간의 씨족 중심 구조가 낳은 문제였다고 본다면 이곳에 잠든 분들은 개화라는 격동기에 겪은 문제로 다른 나라 민족에 의한 피해를 입은 분들이다. 더욱이 왕릉의 모습에서도 격동기의 변화를 느낄 수 있으니 잠시 변화의 모습을 함께 찾아보도록 하자. 조선시대 왕릉의 전형적인 양식이 조선 전기에는 고려시대의 양식을 닮다가 중기에는 조선시대 고유의 양식을 완성시킨 단계로 볼 수 있다. 그러나 제26대 고종과 제27대 순종의 묘역은 외래문화의 영향으로 명나라 태조의 효릉을 본

홍릉 재실 전돌 담장 "수"자의 모자이크가 아름답다.

시원한 대청마루가 돋보이는 재실 안채

따서 조형하는 특이한 모습으로 나타나게 된다. 문화의 양식은 문화의 교류에 의해 바뀔 수가 있다. 그러나 인간의 죽음에 대한 묘제만은 쉽게 변화하지 않음에도 불구하고 이곳의 두 왕릉은 타국인에 의해 우리 몸에 맞지 않는 옷을 입게 되고 말았다. 따라서 지금까지와는 전혀 다른 조선왕릉의 모습을 보게 된다. 특히 지금까지는 후대 왕들이나 사림들에 의해 조선왕릉의 모습 또는 위치가 정해졌다면 홍유릉은 타민족에 의해 입혀진 모습이라고 생각해야 할 것 같다.

홍유릉을 들어서면 능역의 배치와 방향부터 이상하다. 풍수도참사상에 의해 길지를 우선하는 우리로서는 이해하기 힘들다. 홍릉은 서북향을 하고 있는데 우리나라는 항상 겨울이 되면 서북향으로 찬바람이 강하게 불기 때문이다. 또한 진입 방법에 있어서도 홍릉은 서북향으로 난 길을 따라가는 동선으로 자리 잡고 있다. 이것이 일본인들의 속셈이였다. 예를 들자면 철로를 이용하여 신라의 구국사찰인 경주의 사천왕사를 관통하고, 궁궐인 안압지를 관통하게 만들었다. 또한 애국지사가 많은 안동지역을 효과적으로 제압하기 위하여 이상룡 선생의 고택인 임청각 바깥마당을 관통하는 것을 볼 수 있다. 그러나 이것은 빙산의 일각에 지나지 않는다.

일본 정부는 낭인으로 위장한 자들을 궁궐로 들여보내 일본공사(미우라 고로)와 함께 평소 포섭해 둔 일본인 앞잡이들의 안내를 받아 1895년(고종32년)에 을미사변을 일으켜 명성왕후를 시해하고 불에 태우는 만행을 저질렀다. 일본인들은 이것도 모자라 폐서인까지 만들도록 압력을 행세하였다.

고종황제가 명성황후를 처음 장사지낸 곳은 동구릉에 있었다. 그 후 죽음을 애도하는 뜻이였는지 엄숙함을 의미하는 숙릉肅陵이란 능의 이름을 붙여 주었다. 그 후 연호를 대한제국으로 하고 황제위에 오르게 되면서 명성황후도 명성태황후라 추존되고 청량리 천장산에 모셔 홍릉이라고 불렀다. 이때 고종은 사랑하던 황후를 보고 싶으면 자주 오고픈 마음에 청량리까지 전차를 놓았다고 한다. 고종황제 승하 후에 황제릉을 현재 남양주 금곡인 이곳에 조성하면서 명성황후도 옮겨 합장릉으로 만들고 홍릉이라고 불렀다. 후에 순

순종황제가
모셔진
유릉

홍릉 재실의 온돌에서 바라본 한옥의 아름다운 조형감

홍릉 정자각의 전면 계단

종황제의 능인 유릉도 그 옆에 자리를 하면서 홍유릉이라 부르게 되었다.

잠시 고종과 명성황후가 남긴 여러 사건 중 일부를 정리해 보자. 첫째 반세기 이상 외척의 권력 개입에 의한 순조, 헌종, 철종의 위대의 3대 간의 세도정치를 막고자 노력한 것, 둘째는 대원군 당색과 문벌을 초월하기 위해 혈혈단신인 명성황후를 간택한 것, 셋째는 경복궁의 중건과 천주교인들의 박해로 인한 병인양요가 발생한 것, 넷째 당쟁을 뿌리 뽑으려고 국정을 흔들던 대원군이 조선시대 개인 문벌 교육기관의 수많은 서원 중 47개만 남기고 철폐하는 조치 등이 정치적으로 이루어졌으나 결국 명성황후의 외척정치가 민씨들에 의하여 이루어지는 등 격동적인 시간의 연속이었다. 그 결과 민씨들의 러시아와 가까이 하는 정치로 인해 결국 자객에 의해 명성황후가 시해되는 비극적인 사건을 낳았다. 결국은 조선시대의 종착점으로 가는 시기가 되어버린다. 그 후 일본인에 의하여 황태자(순종)에게 왕권이 강제적으로 이양되면서 고종 또한 일본인에 의하여 독살되었다는 소문이 무성하게 된다. 한편 이 시기는 갑신정변과 같은 정치적 사건과 급기야는 민족독립운동인 3 · 1절 만세운동이 일어났다. 그리고 1897년(고종 34)에는 고종의 아관파천 이후 이권이 러시아로 넘어갔으나 독립협회를 중심으로 1897년에 현재의 덕수궁에 고종이 돌아오고 대외적으로 완전한 독립국임을 선언하면서 국왕을 황제로 올리고 연호는 광무光武, 국호는 대한제국으로 부르게 되었다. 이러한 일련의 관계에서 고종이 승하하자 능묘제도도 황제의 묘제로 바뀌게 되어 현재의 홍릉은 황제묘의 형식을 따르게 된 것이다.

홍유릉의 정면으로 가면 궁궐의 출입문을 연상시키는 겹처마에 단청이 잘 그려진 2층 누각 형태의 팔작지붕과 삼문이 꾸며져 있는 문을 들어서게 된다. 문을 들어서면서 바로 좌우로 양 갈래 길이 시선을 분리한다. 좌측으로 가면 홍릉이요, 우측으로 가면 순종이 잠들고 있는 유릉으로 가는 길이 된다. 좌측길로 담장길을 따라 올라가면, 우측편으로 연지와 금천교를 만나게 된다. 능역으로 좀 더 올라가면 좌측으로 별도의 담장 안에 안채와 행랑채를 갖춘 기와집이 서 있는데, 이곳이 홍릉 재실의 의미인 제궁이다. 능참봉이 거주하는 공간으로 안채의 벽체 조형이 매우 인상적인데 소위 궁궐에서 보아왔던 전돌의 벽체가 시선을 사로잡는다. 안채 외벽에 "수壽" 자를 나타내는 전돌로 중앙을 꾸미고, 나머지도 전돌로 하얀 줄눈을 넣어 깔끔하게 처리해 놓았다. 특히 다른 왕릉의 재실에서는 팔작지붕의 안채에 나무 골격을 그대로 노출시킨 흙벽인 반면 이곳에서는 특별히 조형적이고 의장성을 강조한 벽면처리가 눈에 띈다. 또한 대청마루와 좌우 온돌방과의 연결문을 안에 "亞"자형 미닫이 문을 두고 덧문을 달아서 매우 의장적이며, 중후한 분위기를 연출한다. 그리고 뒷쪽에 협문을 달아 침전으로 가는 제관들의 동선을 도왔다. 그리고 홍유릉에서는 정자각 앞, 참도 좌우에 있는 동편의 수복방과 서편의 수라간 기능을 하던 건물이 사라지고 재실안에 통합한 형식을

홍릉의 홍살문

여주에 있는 명성황후 생가

황제릉의 격식은 갖추었으나 석물이 옹색해 보이는 홍릉 정자각

하고 있어서 우리는 지금까지 선대 왕릉에서 볼 수 있었던, 수복방을 발견할 수가 없다. 왜냐하면 홍유릉에서는 재실이 매우 규모가 크기 때문에 일부의 기능이 흡수된 것으로 보인다. 더욱이 일반적인 왕릉에서 나타나는 공통점인 능원의 초입에 재실을 두고, 벽사의 의미를 나타내는 금천교를 지난 후 신성한 영역으로의 능침이 배치되는데 반하여 바로 지척에 재실건물이 있는 것도 당시 격동의 시기를 나타내 주는 사회적 변화로 볼 수 있다.

홍유릉은 능역에 있어서도 여러 면에서 다른 조선시대 왕릉과는 차이를 보이는데, 먼저 널직한 지형 정중앙에 홍살문과 정자각을 가능한 한 자오선 축으로 배치하는데 반해 이 능들 오른편 산 아래에 바짝 대어 놓아 장중함이 부족하게 배치하였다. 이뿐만이 아니다. 좀더 능원으로 걸어 들어가 보자. 금천교를 지나 발길을 오른쪽으로 돌리면 홍살문이 서 있다. 먼저 홍살문 오른편에 있는 왕이 말에서 내려 절을 하는 1평 규모의 배위가 보통은 오른편에 있는데 이곳은 오른편이 아닌 왼편에 있다. 또한 참도參道라 부르는 박석을 깔은 길은 세부분으로 나뉘어 가운데는 신도 그리고 좌우로 황도皇道와 어도御道로 구분되는 특징도 있다. 더욱이 정자각 앞쪽에 많은 석상들이 자리하고 있는 것이 매우 큰 특징이며 다른 왕릉과는 차별적인 부분이다. 돌로 박석을 깔은 답도 좌우에는 명나라의 영향을 받아 만든 동물상들이 분재의 수반에 올려놓은 듯 좌대 위에 배열되어 있다. 이 황제릉은 제국을 선포한 뒤에 조성되었기 때문에 외형상 조선 역대왕릉과는 다른 황제릉의 구조를 갖추고 있다. 일자형 침전 앞에는 홍살문부터 좌우로 2마리의 석마石馬, 양, 낙타, 기린, 코끼리 등의 동물상과 문인상, 무인상이 정자각을 향해 배치되어 있

홍릉
문석인의
후면

순종황제와 황후, 계비 세분이 합장된 유릉의 침전

유릉 침전 앞에 도열된 석수들의 표정

다. 홍릉은 황제릉의 격식을 갖추었으나 석물도 옹색하고 무석인과 문석인의 모습은 화려하고 장대하나 키에 비해 몸매가 외소하게 조각되어 있어서 기개가 전혀 보이지 않는다. 기상은 없는 선비의 만화 캐릭터 같은 빈약한 표정이 나타난다. 특히 문관석은 능침을 수호하기 위해 표현된 석인이라기 보다는 실제 사람을 모델로 세워 놓고 조각한 듯한 표정에 금관을 쓰고 있는 것이 흥미롭다. 이 모습을 생각하면서 정면에 삼도를 갖춘 침전각으로 올라보자. 정자각이 침전으로 바뀌고 "丁"자가 아닌 "一"자형 모습을 갖는 것은 중국에서 황제의 능의 영향을 받은 홍릉이 왕의 숙소로서 하늘에 승천하고도 통치한다는 개념에서 조성되었기 때문이다. 전면 다섯 칸, 측면 네 칸의 팔작지붕의 모습인데 앞 시기의 조선왕릉의 정자각과 맞배지붕으로 연결된 "정丁"자 모양과는 규모나 형태에서 다른것을 발견하게 된다.

홍살문에서 보면 중심인 능침공간 봉분의 석상들이 지붕 위로 살포시 보이고 있지만, 침전이 규모가 커서 시각적인 조형과 주변 풍광이 이러한 틀에서 벗어난 모습이다. 더욱이 뒷산이 병풍처럼 능침을 감싸 안은 듯한 지형을 명당으로 여기는 우리 풍습인 음택론에 관계없이 침전 지붕위로 하늘이 휑하니 보이는 형국이다.

능침으로 올라서 보자. 비각을 지나 사초지 앞에 우물인 어정이 전돌로 쌓은 담장에 기와 지붕을 얹은 모습으로 자리하고 있다. 능은 합장릉으로 12각의 병풍석을 두른 봉분을 곡장이 안고 있으며 병풍석에는 부귀영화를 의미하는 모란 꽃모양을 조각한 면석이 둘러져 있다. 면석 아래 지대석은 연화꽃을 조각한 둘레석을 두르고 지붕모양의 골기와를 표현한 판석을 봉분 주위에 낙수면으로 장식하고 있다. 특히 병풍석의 동자주에는 원형 구획 안에 12간지干支가 쓰여 있다. 이 능은 침전 앞 참도 옆으로 석상들이 배치되어 있기 때문에 곡장 안을 지키는 석양(명복을 빌며 사악한 것을 물리친다는 양 모양의 수호신)과 석호(호랑이 모양의 수호신)가 없다. 또한 봉분 앞에도 초계와 중계의 구분없이 혼유석과 좌우에 망주석을 배치하고 중앙에 장명등을 배치한 모습으로 왕릉의 석물 배치와 홍릉의 석물 배치의 차이점을 볼 수 있는

궁궐 건축을 보는 듯한 유릉의 재실

기단 사이를 건너 가도록 만든 아치형 석계의 지혜가 돋보이는 재실

흥미로움이 있다. 그리고 여주의 영릉을 답사할 때는, 최근에 여주군에서 심여를 기울여 조성한 명성황후 생가를 답사하길 권한다. 이곳에 가면 다사다난했던 당시의 시대상과 왕의 장례 행렬의 모습이 사진으로 전시되어 있는 전시관이 마련되어 있어 매우 감동적으로 승천한 왕의 장례 순간을 함께 할 수 있다.

유릉裕陵

잠시 눈을 남쪽편으로 돌려 보면 소나무 사이로 고종의 아들 순종이 잠들고 있는 유릉裕陵이 보인다. 순종은 조선왕조의 마지막 왕으로 제27대 561년이라는 조선시대의 끝자락에서 대역사의 종지부를 맞이한다. 1905년 을사조약을 강요당하고 1907년 만국평화회의 장에서 밀사를 보냈다가 실패한 아버지 고종을 대신 해 일본인들의 협박과 친일파들의 강요로 이어 받은 황제의 자리에서 순종은 시작부터 험난한 길을 걸을 수밖에 없었다. 국정 전반을 일본인들이 장악하고 차관은 일본인을 임명하여 차관정치를 실시하고 재정부족이라는 이유를 들어 군대를 해산함으로써 황실과 국권의 기능은 완전히 상실되고 일본인의 손에 황실은 힘을 잃고 만다.

이 모든 배경에는 순종을 허수아비로 만든 이토 히로부미가 있었다. 이렇게 무기력해진 순종은 대한제국이 무너지면서 이왕李王이라는 보잘 것 없는 칭호로 지내다가 1926년 망국의 한을 달래며 세상을 떠나게 된다. 지금의 금곡 홍릉 옆에 유릉은 바로 한 많은 삶으로 조선시대를 마감하게 된 순종의 능인 유릉이다. 유릉은 정문에서 오른편으로 돌아가는 방향으로 정면에 커다란 재실 앞을 돌아 좌측 나지막한 언덕 사이로 능침이 자리하고 있다.

조선왕릉은 홍살문을 중심으로 능침공간이 배치되고 있는데 유릉은 홍살문 앞을 가로막고 재실의 후문으로 동선이 이어진다. 정체성 있는 조선시대 왕릉에서의 모습이 아님은 홍릉과 함께 정자각 앞에 도열하듯 서 있는 석상

유릉의 재실 기와

유릉 혼유석의 고석

유릉의 우물

유릉의 망주석

유릉의 장명등

궁궐의 대전을 옮겨 놓은 듯한 모습의 침전 내부

봉황무늬 수막새와 불로초 무늬의 암막새의 배열이 아름다운 곡장

들의 낯설음에서 느껴진다. 홍살문에 서서 앞을 바라보자.

전면 다섯 칸 규모의 "일一"자형 정자각의 팔작지붕 위로 하늘이 직접 보이고 왼편 처마 끝으로 곡장과 봉분이 그대로 보인다. 침전 안에는 제사상을 놓았던 정자각과는 다르게 궁궐의 어전과 같이 중앙의 배면에 화려한 침전, 어전이 만들어져 있다. 조선시대 왕릉의 주산은 지형의 생기를 받기 위해 능침을 두르고 잉(무덤 뒤에 만든 작은 언덕)을 두어 지형을 든든히 하였으나 이곳에서는 하늘로 날아갈 것 같이 창공만 보인다. 특히 뒷산이 낮은 탓에 소나무를 두르고 있는 모습 또한 신통치 못함을 느끼게 한다. 홍릉과 같이 좌측편에 배위를 두고, 참도 좌우로 나열된 석상과 박석으로 깔은 중앙에만 신도의 구획을 별도로 꾸며진 모습이 특이하다.

그리고 우측편에 있는 비각은 침전각과 규모가 비슷할 정도로 매우 크게 만들어져 있다. 비각 안에는 나라 이름마저 상실한 순종황제의 비각이 세워져 있는데 비문을 보면 순명효황후와 계비인 순정효황후가 함께 잠들고 있음을 알려주고 있다. 참도 좌우에 서 있는 석상들은 홍릉과 같이 정자각 아래에 문관석, 문인석과 좌대 위에 기린, 코끼리, 사자, 해태, 낙타, 말 1쌍이 좌우로 나열해 있다. 특히 몇 개의 석상들이 자세히 보지 않으면 동물의 종류 구분이 어렵지만, 이곳의 석상들은 매우 사실적인 모습을 하고 있다. 마침 이곳에 답사 나온 어린이들은 우리나라에서 살지 않는 코끼리, 사자, 낙타 등을 보고 석물 앞에서 동물원에 온 것처럼 구경하기 난리다. 그래서 줄을 쳐서 들어가지 못하도록 하였나 보다. 나는 잠시 맞지 않는 옷을 입고 멋있길 바라는 사람처럼 멋쩍은 마음이 들었다. 그러하기에 융성기의 조선왕조 능의 석상에 비해 위엄이 없다. 풍수지리에 관련된 책 가운데 특히 유릉은 뱀 구멍이 많이 보일 정도로 영혼의 안식처로는 부적절하다는 말을 전하는 학자들도 있다.

이 능의 능침에도 옆에 잠들고 있는 부모릉인 홍릉과 같이 정자각 전면에 석상들이 배치되어 있기에 곡장 안을 지키는 석양과 석호가 없다. 봉분 앞에도 초계에 혼유석과 좌우에 망주석을 배치하고 중계 중앙에 장명등을 배치한 모습으로 왕릉의 석물 배치와 황제릉 배치의 차이점을 볼 수 있다. 그러나 병풍석의 화려한 모란무늬 면석을 보면 다시 도약하는 조선을 꿈꾼 석공들의 정성 어린 조각이 순종의 유언에서 말씀하듯 "백성들이여 광복에 노력하라, 나는 혼백이 되어 돕겠다."라는 정신으로 승화시키려는 듯 아름답고 화려하기만 하다.

우리가 소위 왕릉에서 재실이라고 부르는 건물을 황제릉에서는 황제 묘의 예법 상 재궁이라고 부른다. 두 개의 솟을대문이 있는 행랑채와 팔작지붕의 2채에 안채를 두고 두 건물 사이는 궁궐건축에서 볼 수 있는 회랑구조의 복도로 연결되어 있다. 아궁이의 모습도 궁궐에서 보이는 함실아궁이 형식이고, 전돌을 이용한 기와 담장, 대청마루를 가운데 꾸민 온돌방 구조의 재궁의 안채는 궁궐의 축소판처럼 세련미를 더해 준다. 특히 재궁 후문을 나서면 왼편의 소나무 아래 장대석을 부채살처럼 둥글게 펼쳐 조성된 우물인 어정이 있는데 홍릉처럼 담장은 없지만, 단아하고 정갈한 느낌으로 다가온다.

한편, 1919년에 승하한 고종의 비각에는 대한大韓이라는 나라 이름을 남겼지만, 이곳 유릉에는 그것마저도 볼 수 없게 되었다. 조선왕실의 적장손은 단절됐고, 나라를 지키지 못한 두 황제는 허울의 한만 남긴 채 영혼의 안식마저 자연에 편안히 은거할 수 있는 지형이 아닌 북서풍을 맞게 하고, 지는 석양을 보면서 잠들어 있다. 일본인들이 여기에 홍유릉을 만든 최소한의 목적은 이것이었나 보다. 그러나 두 분의 왕들이 우리 후손들에게 오늘의 해가 지면 내일의 해가 뜨듯이 호국의 용기를 보내 주었으면 한다.

우리나라가 부강한 나라로 존재해야만 하는 이유가 이곳에 있다. 나라를 잃으면 어떤 일을 겪는지를 그대로 보여주는 예가 홍유릉이다. 따라서 홍유릉은 미래의 국가를 이끌어갈 학생을 가르치는 선생으로서 나에게 너무 많은 느낌을 가져다준 곳이다. 특히 혼자만 걷고 싶은 마음일 경우, 고종과 순종의 역사를 생각하면서 각자 자신의 위치를 보듬어 보는 명상의 왕릉 답사길로 추천하고 싶다.

홍유릉을 나오면서 잠시 고종의 외동딸이고 순종의 오누이인 덕혜옹주가 생각났다. 고종의 7명의 부인 중 6남 1녀의 외동딸로 태어난 덕혜옹주의 묘가 이곳에 자리하고 있으니 옛날이나 지금이나 왕이나 평범한 백성이나 아빠의 딸에 대한 특별한 사랑이 이곳까지 이어지고 있는 것 같아 나의 모습을 뒤돌아보게 한다.

유릉 정자각의 계단

유릉 석물의 정자각

유릉 정자각의 삼중계

7

효행을 실천한 부자유친父子有親 용龍

융건릉(隆健陵)

융릉 초입

융건릉隆健陵

융건릉은 조선시대 비운으로 세상을 떠난 정조의 아버지(사도세자)가 잠들고 있는 융릉과 조선 제22대 왕인 정조가 모셔진 건릉이 자리하고 있다. 이곳은 병점 전철역을 지척에 두고 있다. 병점餠店은 예부터 떡집으로 유명하였다고 하며 지금도 융릉의 원찰로 잘 알려진 용주사에 갈 때면 병점 전철역에서 내려 구름떡과 오색떡을 사서 배낭에 넣고 가는 답사의 맛을 느끼고 있다.

부모에 대한 효심이 조선 역대 어느 왕보다 강했던 정조는 가까운 수원에 화성을 만들고 도성都城을 옮기면서 부모를 가까이 모시고자 하였다. 그 뜻을 이루지 못한 정조는 융릉의 정자각에 자신의 얼굴을 그려 걸어 놓았다고 한다. 융건릉으로 가는 길에서 만나는 용주사는 궁궐 건축과 비슷한 느낌을 주는데, 행랑채를 이루는 형식과 기단에 쌓여진 잘 다듬어진 축대, 그리고 배수로 만든 긴 배수 물내림 석재들에서 예사롭지 않은 조형미를 감상할 수 있다.

특히 대웅보전의 내부 단청은 당시 궁궐의 화사(그림 그리는 사람의 조선시대 칭호)를 보내 정성스럽게 그렸다고 한다. 그 때문인지 마치, 조선시대 회화 갤러리처럼 세련된 벽화를 보여준다. 김홍도가 그린 후불탱화와 병풍은 현재 사찰의 효박물관에 보관되고 있으며 단청 또한 단원 김홍도의 지휘아래 이루어졌다고 전한다. 판벽화에는 산수화와 신선도, 용과 기린 등 그림도 다양하지만 그림 솜씨 또한 예사롭지 않음을 느낄 수 있다. 이와 같이 용주사에서는 융건릉의 고요한 능침에서 만날 수 없는 정조의 마음이 느껴지는 곳이니 융건릉과 함께 꼭 찾아보는 것이 좋을 것 같다.

화산花山을 주산으로 나지막한 구릉지에 자리 잡은 융건릉의 주변은 산이 낮고 구릉지가 많아 최근까지도 드넓게 펼쳐져 있는 목장의 푸르른 목초지가 많이 있었다. 주차장에 내려 왕릉으로 가는 초입에는 재실로 사용하던 기와지붕의 건물이 나오는데 사대부 주택의 모습을 하고 있다. 이곳은 당시 능을

당파싸움의 소용돌이에 휘말려 아비로부터 죽임을 당한 사도세자의 안식처, 융릉

융릉 능침의 전경

관리하던 능참봉이가 거주하던 곳인데 제사 때 제사를 하러 온 제관들이 묶던 곳이기도 하다. 지금은 왕릉관리소가 이 건물에서 당시의 업무를 대신하고 있다. 재실을 지나 오른쪽 길로 가면 융릉이요, 좌측길 서편으로 돌아가는 길은 건릉으로 가는 길이다.

융릉隆陵

먼저 융릉으로 발길을 재촉해 보자. 날씬하게 하늘로 치솟은 시원스런 소나무 길에서 약간의 구릉을 넘어가면 금천교를 건너가게 된다. 정적이 흐르는 소나무 숲은 사도세자의 한 많은 생전의 모습을 생각하게 한다. 소나무 숲 사이로 저 멀리 보이는 홍살문, 그리고 넓게 펼쳐진 능원의 모습은 시원스런 경관을 자랑한다. 능원은 홍살문을 두고 오른쪽에 한평 규모의 장대석을 이용한 배래석이 자리한다.

융릉은 사도세자로 알려져 있는 장조와 혜경궁 홍씨로 알려져 있는 현경왕후가 모셔져 있는 능이다. 융릉에 잠들고 있는 사도세자였던 추존왕 장조는 영조의 둘째 아들로 마흔 넘어 늦둥이로 태어난 아들이었다. 첫째 아들인 효장세자가 일찍 죽었으므로 사도세자는 2살이라는 아주 어린 나이에 왕세자로 책봉되었다. 사도세자는 당시 영의정이던 홍봉한의 딸과 10살 때에 가례를 올렸으며 총명하고 글을 잘 쓰기에 영조로부터 사랑을 독차지 하였다 한다. 그러나 그를 싫어하던 노론의 사대부들과 영조의 계비인 정순왕후, 숙의 문씨 등이 사도세자의 잘못한 일을 만들어 모략하고 무고하기에 결국은 영조로부터 미움을 사게 되었다. 결국 세자를 폐하기에 이르고 자신의 생모인 영빈 이씨와 장인인 홍봉한마저 그들의 뜻에 따르게 되어 누구도 사도세자를 도와줄 사람이 없게 되었다. 결국 1762년 영조 38년 5월, 28살이라는 나이에 뒤주에 갇혀 생을 마감한다. 아들 정조가 이 일을 기억하므로 왕이 된

정조가 정성을 다해 꾸며 놓은 마음을 느끼게 하는 넓은 박석 참도

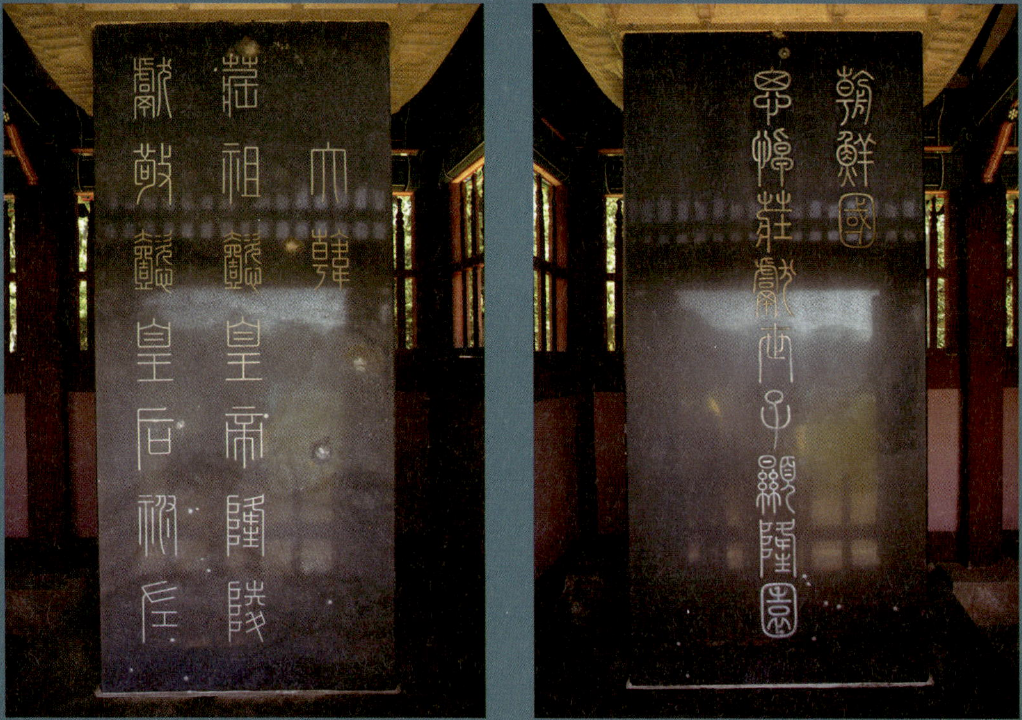

융릉의 비각

후에 아버지를 위한 모든 방법을 동원하게 된다. 그것이 융릉의 조성과 용주사의 창건을 실천하는 계기가 된다.

이 능의 답사는 능이 아니면서 능과 원의 한계를 구분하던 정조의 효심을 찾아보는 것이 중요하다. 정조의 아버지에 대한 지극한 효성은 정성스럽게 꾸며진 능원의 석물 조성에서 애틋하게 전해진다. 특히 당시 원과 능의 엄격한 구분에도 왕이 되지 못하고 비명에 죽게 된 아버지 사도세자에게 최선을 다하기 위하여 난간석은 만들지 않겠다는 부분적인 제한만을 제시하고 지금의 능과 같은 모습으로 만들어 놓았다.

융릉의 인석

자, 그럼 이제부터는 정조의 효심이 드러나는 능원의 모습을 자세히 만나보자. 홍살문을 들어가 정자각 건물 폭만큼 넓게 깔려져 있는 넓적한 박석을 보면 다른 능과의 차이점에 놀라게 된다. 가운데 신도를 두고 좌우에 어도를 두고 있는데 얼핏 보면 그 구분이 명확하지 않다. 신도는 단을 높여 만들고, 좌우의 어도는 정자각을 향해 긴 장대석을 일렬로 선을 맞추어 깔아 놓았다. 그 옆으로는 생김새 그대로의 박석을 불규칙하게 깔아 놓아 신도와 어도를 구분 지었다. 신도도 종렬 횡렬의 배열을 맞추어 규칙적인 질서를 강조한 모습 또한 인상적이다. 박석길을 따라가면 정자각이 전면에 서 있고 오른편으로는 비각이 자리한다. 비각은 전면 두 칸 측면 한 칸 규모의 팔작지붕으로, 내부에는 두 개의 비석이 거북이 등에 얹혀져 있다. 전면은 4짝의 문짝을 세 칸으로 구분하고, 문의 상부는 살가지 창문에 중·하단은 판재로 꾸며져 있어 나무의 장중함이 느껴진다. 어칸과 협칸 문의 외형은 같으나, 판재를 가로지르는 띠장의 위치가 다름을 볼 수 있는데 획일적인 밋밋함을 배제하고 있다. 비각에는 정조가 직접 쓰셨다는 "조선국 사도장헌세자 현륭

원"이라고 전서체로 쓴 비석이 서 있다. 그리고 오른쪽에는 1900년에 세운 "대한 장조의황제 융릉 헌경의황후 부좌"라고 새겨져 있어, 묘주의 이름과 묘의 위치를 알려주고 있다.

능침은 홍살문과 정자각이 자오선상을 이루지 않고, 약간 동쪽을 바라보며 자리하고 있다. 그래서 홍살문 앞에 서서 보면, 정자각과 비각 사이로 능침공간이 빼꼼히 보인다. 그리고 능침 좌우로는 고고하고 아름답게 병풍처럼 둘러 서 있는 소나무 숲이 펼쳐진다. 오른쪽으로 넓게 펼쳐진 사초지는 살아생전 사도세자이던 장조가 뒤주에서 갑갑했던 순간을 위로라도 받는 듯 시원스럽고 넓게 전개된다. 정자각으로 이어진 답도를 따라 2단의 단을 조성하고 펼쳐진 답도를 따라 올라가면, 3단의 장대석으로 쌓은 기단 위에 정자각이 자리한다. 전면 세 칸, 측면 두 칸의 재실과 전면을 바라보고 내민 회랑형 맞배지붕은 부채모양의 방풍판을 꾸며 놓았다. 재실 공간은 중앙 어칸과 좌우 협칸의 4분합문으로 이루어져 있고 어칸의 문의 폭을 넓게 하여, 중심 공간의 위계를 강조한 한옥의 특징을 발견할 수 있다. 대부분의 왕릉의 건조물 중에 정자각과 비각에만 회로 바른 용마루와 그 위에 올려진 잡상이라고 하는 벽사 의미의 조형물들이 있다. 그러나 융릉의 비각은 원래부터 그러했는지 모르겠지만 암막새만으로 용마루와 내림마루를 장식하고 있다.

정자각 오른편으로 펼쳐진 넓직한 사초지를 올라서면 능침영역이 된다. 융릉은 헌경의황후와 함께 모신 합장릉으로 난간석은 세우지 않았으나, 판석은 모란꽃을 새기고, 모서리 우주석은 연화꽃이 만개한 모습의 아름다운 조각으로 봉분을 두르고 있다. 봉분 주위의 병풍석을 고정해주는 기둥 석재 위 엄지 부분에 연잎의 연꽃 봉오리 장식도 인상적이지만 인석이라고 하는 병풍석 위 긴 장대석 끝에는 연꽃의 봉오리를 만들고, 봉오리에 동남향이라는 방향을 나타내는 "손巽"자를 비롯하여, 봉오리마다 12방위를 나타내는 글자가 조각되어 있어 더욱 인상적이다.

인석 끝은 연잎이 감싸 안고 피어오르는 연봉오리를 표현하고 있는데, 비가 내리면 봉분의 잔디를 타고 내려 온 빗물이 연봉오리를 돌아 낙수물처럼 흐르도록 만들어 놓았다. 마치 사도세자의 억울한 죽음을 눈물로 표현한 것 같은데, 이를 만든 석공이 정조왕의 슬픈 마음을 담아 표현해 놓은 듯하다. 능침은 3면의 곡장을 두르고 있는데, 좌우 3단으로 자연의 지형을 닮은 곡장의 배면에 융이라는 잔디를 심은 작은 언덕이 있다. 이 언덕은 풍수의 혈이 모인다는 의미의 언덕으로 기와 곡장 위에 약간 보일 듯 말듯이 융기되어 있고 주위는 소나무가 푸르름을 더하고 있다. 봉분 뒤편의 곡담 아래 2단의 장대석으로 쌓은 특별한 단을 꾸미고 있다. 이 단은 무엇일까? 경사지를 조절하는 의미도 있겠지만, 분명한 것은 담장이 무너질까봐 만들었을 것이다. 곡장은 영원의 의미를 갖는 해와 달을 나타내는 하얀 화강암 둥근돌을 질서 정연하게 배열하고, 전돌로 마감하여 단아한 느낌이 든다.

담장 안의 봉분 주위에는 석양 1쌍과 석호 1쌍이 담장을 바라보고 앉아 있다. 봉분 병풍석 아래는 꽃무늬 수막새가 조각된 기와지붕을 표현한 돌이 땅을 덮고 있듯이 추녀물을 받는 낙수돌이 깔려 있다. 저승에서도 막새가 있는 기와집에서 살기를 바라는 후손들의 바람을 표현하고 있다. 봉분 앞에 있는 혼유석은 전면에 명문이 있는 특이함을 갖고 있다. 그리고 넓적한 혼유석을 받치고 있는 북석인 둥근 받침돌, 네 개가 받쳐져 있고, 사방을 보고 부릅뜬 눈과 고리를 문 어금니가 인상적인 괴면으로 조각되었다. 곡장 끝에는 하늘에 오르는 길을 밝혀 준다는 망주석이 좌우를 밝혀주고 있다.

중계에는 가운데 장명등을 배치하고, 좌우에는 조촐하게 문석인과 무석인을 1기씩 좌우로 배치하고 있는데 특이하게도 문석인과 무석인의 옆에 1마리씩 석마가 있는 일반적인 왕릉의 석인의 배열과는 차이를 보인다. 문석인 옆에는 석마를 배치하지 않았다. 장명등은 석상들의 조각 가운데 가장 조각솜씨와 조형미가 훌륭하다. 옥개를 덮은 지붕돌은 팔각 건축을 형상화한 겹

융릉의
문석인과
무석인

처마 형식으로 연목과 부연이 조각되어 있고, 지붕에는 구름띠를 두 줄 두르고 있어 신선이 사는 하늘을 느끼게 한다. 그 위로 피어오른 상륜부의 연봉 또한 방금 피어오르려는 듯한 연꽃이 조각되어 있다. 또한 중대의 주변을 두르는 영지, 난초 연꽃 등도 아름답지만 이를 받치고 있는 기단부의 여의두문과 구름무늬 다리 조각은 감탄을 자아내게 한다.

특히 우리나라는 앙코르 유적에서 사용하는 사암도 아니고, 그리스 신전에 조각상처럼 대리석도 아닌 돌중에 가장 강하다는 화강석을 가지고 어떻게 이토록 조형감 있게 표현했는지 잠시 왕릉에서 조선시대 석공의 공예술을 자랑하고 싶어진다. 봉분 좌우를 지키고 서 있는 문석인과 무석인의 얼굴 표정을 살펴보자. 치켜뜬 눈꼬리에 금방이라도 눈망울이 튀어나올 것 같은 섬세한 문인의 표정, 그리고 이마에 날아다니는 봉황을 그대로 묘사한 금관 조복의 머리띠에 표현된 두 마리 봉황무늬가 매우 섬세하고 사실적이다. 또한 조복의 배면은 네 칸을 구획하고, 영지꽃과 마주보는 쌍학, 구름무늬를 조각하여 문관을 의미하는 문양으로 조각되어 있다. 한편 듬직한 얼굴에 과묵한 표정의 무석인은 능을 지키려는 신하의 믿음직한 모습을 표현하고 있다. 무석인이 입은 갑옷은 단청무늬에서 길상문의 금문 중 고리금을 표현하고 속옷은 비늘 무늬로 되어 있다. 특히 칼집에서 칼을 뽑아 짚고 있는데 그 옆으로는 파초문 생동감 있게 조각되어 있다. 이 무석인은 코가 없어져 얼굴의 표정을 알기 어렵다. 또한 배면에는 구름 위를 힘차게 딛고 서 있는 사자 다리 모습과 요대 사이로 얼굴을 내고 구름 위를 날으며 포효하는 석사자를 귀여운 듯이 바라보고 있는 조각이 가진 해학과 아름다움에 절로 감탄사가 나온다. 정조 왕의 아버지에 대한 애틋한 마음에 석공이 감동하여 조각하였는지 우아한 선과 만지면 금방이라도 향기를 전해 줄 듯한 꽃문양 등은 우리를 감동시키기에 충분하다. 아쉬움은 서쪽편에 위치한 문석인과 무석인의 코가 없어진 것이다. 없어진 이유가 우리 토속신앙에서 나온 아들을 갖고자 하는 아낙들의 욕심 때문이 아니었으면 한다.

건릉으로 가는 상수리 나무 숲길의 오후 풍경

건릉健陵

한 많은 아버지의 삶이 안쓰러워 정성을 다해 만든 융릉, 매일 찾지 못함을 죄인으로 생각한 정조는 자신의 얼굴을 능원에 걸어 놓아 아버지를 그림으로나마 보살피고자 했다. 효도의 본보기인 정조가 묻힌 건릉으로 발길을 돌려 본다. 건릉으로 가는 길도 푸르른 녹음이 어우러져 수묵화를 보는 듯한 그림같은 산길을 걸어 들어가면 능역이 나온다. 조선시대 왕릉의 대부분은 숲의 풍광이 아름답고, 특히 소나무 숲의 고고함이 답사객의 힐링 코스로서 최고의 모습을 하고 있다. 그러나 아버지가 있는 융릉은 소나무 숲으로 이어져 있는데 자신이 묻힌 곳은 갈참나무 길로 좌우 빼곡히 하늘로 치솟아 있다. 특히 가을 풍경이 아름다운 갈참나무 숲길로의 여유로운 발길이 머무는 곳에 건릉이 자리한다. 건릉은 조선 제22대 왕 정조와 효의선황후가 함께 잠들고 있는 합장릉이다.

정조는 8세 때(영조 35년, 1759년)에 왕세손에 책봉되었고, 11세에 결혼하던 해인 5월에 아버지 사도세자가 뒤주에 갇혀 죽게 되었다.

그 후 2년 후에 영조는 세손인 정조를 맏아들인 효장세자의 양자로 삼아서 죄인의 아들이 연좌제로 죽임을 당하는 것을 피할 수 있게 하였다. 건릉은 홍살문을 지나면 오른편에 배례석이 자리하는데 일주문 안쪽에 치우쳐 자리하고 있다. 답도는 아버지의 묘인 융릉과 같이 넓게 박석이 깔려 있지만, 건릉은 신도를 중심으로 좌우 대칭을 이루고, 융릉은 수복방쪽으로 더욱 넓게 박석을 깔아 놓아 차이가 있음을 알 수 있다. 특히 박석의 면적이 넓을수록 재료를 구하기도 힘들고, 노동력도 많이 필요하기에 아버지의 능을 훨씬 공들였음을 알 수 있다. 이 또한 부모에 대한 정조의 마음을 느끼게 하는 부분이 아닌가 하는 생각이 든다.

박석이 깔려 있는 답도를 따라 천천히 능침으로 발을 옮겨보자. 나지막한 경사지를 이용하여 전면에 3단의 장대석 기단 위에 자리한 정자각이 시선을 잡는다. 정자각 뒤의 둥그런 사초지 위에는 보일 듯 말듯 능침을 지키는 석인들의 얼굴이 나타난다. 정자각으로 오르는 길은 비각이 있는 오른편으로 돌아 신도와 어도로 나누어진 계단을 올라서는데, 모양은 기존 기단보다 1단 높게 세 칸의 재실과 전면으로 돌출된 회랑형 건물이 "정丁"자형의 배치를 하고 있다. 정자각의 제사를 지내기 위해 음식을 진설하는 부분은 외 1출목 7량집의 겹처마 맞배지붕 건물로 전면 세 칸, 측면 두 칸의 규모를 갖고 있다. 둥글게 잘 다듬은 주춧돌에 원기둥을 세우고, 주심포 형식의 외 출목을 꾸민 창방에 받쳐진 당초문의 화반으로 건물을 장엄하게 표현하고, 대들보의 머리초는 병머리형 연화머리초의 단청으로 장식하고 있다.

특히 정자각에 반듯한 부재를 사용하고 노란색인 황색을 사용해 밝은 표정을 갖고 있도록 표현한 것이 퇴락된 단청 사이로 선명하게 보인다. 전면 회랑부는 전면 한 칸, 측면 두 칸의 익공계 맞배지붕으로 제사 부분과 같은 단청을 하고 있다. 그러나 지붕에 올려진 벽사辟邪 의미의 잡상을 재실부는 맨 앞에 앉아 있는 대당사부를 포함하여 네 개를 올리고 용두를 두었으나, 회랑

참도 좌우로 넓게 깔린 박석이 인상적인 정조의 안식처, 건릉

건릉 정자각의 전경

건릉의 봉분

해와 달을 표현한 곡장의 아름다운 선율, 건릉

건릉 정자각 내부 천장가구 구조

부는 한 개가 적게 올려져 있다. 이러하듯 한옥에서는 건물의 위계에 따라 건물의 크기나 높이, 장식, 단청의 그리는 정도 등으로 구분하여 예의를 표현하는 한옥만의 규율이 있다. 대들보를 받치는 대공은 수수한 판대공이지만, 전체적인 느낌은 장중하고 개방적이다. 정자각 동편에는 비각이 자리하고 있다.

비각 안에는 고종이 직접 쓰셨다는 "대한정조선황제건릉효의선황후부좌大韓正祖宣皇帝健陵孝懿宣皇后祔左"라고, 정조의 건릉 좌측편에 효의선황후가 모셔져 있다고 쓰여 있다. 이 건물은 정면 한 칸, 측면 한 칸의 아주 작은 팔작지붕 건물로 6.25전쟁 중에 소실되어 다시 복원되어 있고, 백토를 이용한 양성바르기에 하얀 용마루에는 용두가 올려져 있는 비각의 모습을 갖추고 있다.

정자각 뒤에 자리한 능침으로 시선을 돌려보자. 조선왕릉의 사초지가 그러하듯 둥근 언덕을 만들고, 그 위에 평평한 대지를 조성하는 것이 일반적이다. 그러나 정조와 효의선황후의 유택은 마치 지형이 살아 꿈틀거리듯이 넘실거린다. 이곳은 정조와 효의선황후가 잠들고 있는데 영조는 비명으로 세상을 떠난 아들 사도세자에게 속죄하기 위하여 사도세자의 아들인 정조를 왕에 오르게 하였다. 정조가 즉위하자 사도세자를 죽음으로 몰았던 노론세력은 왕의 즉위를 반대할 수밖에 없는 처지가 되었다. 이를 무서워하던 노론세력인 벽파는 정조에게 정면 도전을 하였고, 정조는 이를 견제하는 세력을 만들었다. 그 대표적인 사람으로 도승지까지 오른 홍국영을 대안으로 세웠으나, 결국은 이 방법도 세도정치를 낳게 되는 우여곡절의 연속이었다. 정조는 학문에 뜻이 깊었던 조선시대 대표적인 왕으로 규장각을 설치하였고 활자에 관심을 갖고 인쇄술을 발전시켰으며 그 결과 자신의 호를 딴 문집인 《홍제전서弘濟全書》를 비롯하여, 서적편찬으로 《국조보감國朝寶鑑》《증보동국문헌비고增補東國文獻備考》《오륜행실五倫行實》 등 많은 문헌을 남기게 되었다. 그러나 정조왕은 49세에 비교적 짧은 생을 마감하게 된다.

조선후기 문예부흥을 이룬 왕이던 정조의 곡장은 전돌을 이용한 벽에 하얀 화강석을 둥글게 깎아 중간에 일정한 간격으로 넣어서 해와 달을 나타내고, 막새를 갖춘 기와지붕의 형식을 하고 있다. 곡장 안에는 병풍석 없이 난간석만을 갖추고, 주변에는 호랑이 모습의 호석과 양모양의 양석으로 봉분을 지키는 의미로 배치되어 있다. 이들 석수들은 정조왕의 영혼을 지키는 벽사의 의미를 나타낸다. 그 밖에 능침 주변 석상들의 배치를 살펴보면, 봉분은 병풍석이 생략되고 난각석만을 두른 모습으로 매우 소박하고 검소한 조선왕릉의 양식을 보이고 있다. 난간석은 연잎을 표시한 번엽으로 난간을 받치고 있으며, 두 칸에 하나씩 세워진 석주에는 방위를 나타내는 12간지를 조각해 놓아 사방을 나타내는 우주관이 표시되어 있다. 봉분 앞에는 혼유석을 중심에 하나 두고, 좌우로 곡장 끝에 망주석을 두었다.

망주석은 팔각면으로 각 면에 만개한 모란꽃을 조각한 기단석을 두고, 귀여운 세호를 기둥에 조각하고 있다. 그리고 중계에는 중앙에 장명등을 두었고 좌우로 문석인과 무석인을 그 옆에는 석마가 놓여져 있다. 망주석은

건릉 정자각 익랑의 천장 서까래의 선율

건릉을
지키는
석인과
석수들의
다양한
표정

겹처마 목조건축을 사실적으로 표현하여 지붕에는 연잎을 겹으로 감싸 안은 모습으로 조각하고 보주는 연봉오리를 조각해 놓았다. 특히 내림마루 끝에 있는 매화꽃은 활짝 피어 향기가 널리 퍼질 것처럼 표현되어 있다. 화사석 투창 옆으로 조각된 목숨 수壽자는 장명등이 영원히 꺼지지 않기를 바라는 듯 선명하게 표현되어 있다. 그것만이 아니다. 향로 다리 위로 죽절마디 모양으로 받쳐진 기둥은 팔각형에 모란꽃, 영지꽃, 매화꽃, 난초꽃 등 조선시대 사람들이 애호하던 꽃들로 조각된 팔각기둥의 모습을 하고 있다. 문석인과 무석인의 모습을 살펴보자.

홀을 가슴에 안고 있는 문석인은 입꼬리가 살짝 올라가도록 웃는 표정을 하고 있어 이곳에 잠들고 있는 왕에게 걱정 말라는 미소처럼 보인다. 복장은 금관조복으로 금관에는 쌍봉이 새겨져 있으며 배면은 조복을 두 줄로 4등분하여 상단은 고리 모양에 모란을 새기었다. 아래 3단은 학이 서로 마주보며 금방이라도 날아갈 듯한 모습으로 불로초를 입에 물고 왕에게 드려 영혼이라도 살리고자 하는 마음처럼 묘사되어 있어 매우 사실적인 묘사에 감탄하지 않을 수 없다. 무석인은 커다란 코에 두터운 입술 불끈 칼을 짚고 서 있는 모습에서 장수의 모습이 보이며 목까지 덥수룩한 턱수염에서 힘이 느껴진다. 더욱이 갑옷은 고리금 문양의 어깨에 귀면을 조각하여 더욱 조형감을 주고, 투구에는 중앙에 길상자인 "만卍자"가 조각되어 있으며, 머리끝의 상투에는 복두를 묶어 놓았다. 배면에는 요대 아래쪽으로 깊은 산속의 풍경을 표현하고 숲속에서 이빨을 드러내며 포효하는 사자상이 조각되어 있다. 융릉에서는 요대 위로 정면을 보고 전망을 응시하고 있다면, 건릉의 무석인의 배면, 석사자는 뒤를 돌아보면 정조의 묘역에 누구도 접근을 조심하라는 듯한 표정을 짓고 있다.

융건릉에서 정조의 건릉은 아버지 능역에 조성한 석물보다 화려하지도 않고 가장 기본적인 석물만 배치되어 있다. 표정 또한 살아생전부터 억울하게 세상을 떠난 부모를 항상 그리워하였던 것을 아는 듯 석공은 사도세자 장조의 무석인과 문석인은 최대한 웃는 모습의 인자한 상으로 표현하였다. 이러하듯 융건릉의 답사에서는 인간의 관계와 표현된 석물들을 비교 감상하는 것도 역사를 즐겁게, 그리고 가깝게 답사하는 방법임을 가르쳐 준다.

우리는 왕릉을 답사하면 먼발치에서 묘역을 바라보기 때문에 동일한 모습처럼, 경직되고 단순한 답사기행으로 생각하게 된다. 그러나 좀 더 가까이 관찰하는 자세로 진지하게 바라보면, 능역을 조성할 때 당시 석공은 봉분에 잠든 왕이나 왕비의 마음을 담아 표현하기 때문에 서로 다른 모습으로 조각하게 되는 것을 알 수 있다. 따라서 왕릉 답사의 안내문이 단순히 왕의 치적을 설명해 준다면, 왕릉에서 우리 스스로가 그 당시 공예술과 조형미를 감상함으로써 느끼는 것들은 더욱 친근하고 즐거운 왕릉 답사의 길잡이가 되어 줄 것이다. 좀 더 가까이에서 왕릉을 만나게 되면 조선 500년간의 왕릉의 모습이 우리 생활속에 훨씬 더 가까이 있음을 느끼게 된다.

건릉의 능원

건릉의 문석인과 무석인

8 조선

유교정치 문화의 꽃을 피운 용龍

선정릉(宣靖陵)

따스한 햇살을 가득히 머금은 어느 오후의 선릉

예술적·역사적 가치로 본

조선의 왕릉

성종과 계비 정현황후의 선릉宣陵

지금의 선릉이 있는 이곳을 가려면 조선시대에는 배를 타고 건너와야만 했고, 농사를 짓던 한강 너머에 논밭만이 있는 한적한 곳이였다. 그러나 현재는 우리나라에서 가장 번화한 중심지가 되었다. 그곳에 조선 제9대 왕인 성종과 계비 정현왕후의 능이 있고, 동쪽편으로 조선 제11대 왕이던 중종이 모셔진 정릉靖陵이 자리하고 있다. 선릉은 성종과 계비 정현왕후의 두 개의 다른 봉분을 옆 산등선에 만들고 능호는 같이 사용하는 동원이강릉이다. 성종은 세조와 정희왕후의 맏아들인 의경세자의 둘째 아들로 태어났고 조선 제7대 왕인 세조의 손자이다. 세조가 승하한 후 아버지 의경세자의 동생인 해양대군을 세자로 책봉하였다. 이분이 세조를 이은 조선 제8대 임금이신 예종이 된다. 그러나 예종이 즉위 후 14개월 만에 요절하자 그 뒤를 이은 것이 조선 제9대 왕인 성종이다. 성종은 한명회의 딸인 공혜왕후와 처음 가례를 시작으로 12명의 부인을 두었고, 28명의 자녀를 두었다. 그 중 둘째 부인은 폐비 윤씨 즉 후에 연산군의 어머니이고, 셋째 부인은 현재 선릉에 같이 모셔진 정현왕후로 조선 제11대 중종의 어머니이다.

연산군의 어머니인 폐비 윤씨는 조선시대 칠거지악七去之惡이라는 질투를 하여 결국 죽음으로 내몰리는 시대에 사셨던 분으로 지금 시대에는 도저히 있을 수 없는 일일 것이다. 당시 성종이 조선조 그 유명한 어우동과 즐기는 것을 본 폐비 윤씨는 시대를 앞서 용안에 손톱자국을 낸 것이지, 이혼이 급격히 늘어가고 여성의 사회적 지위가 높은 지금으로서는 왕이건 아니건 신분을 떠나 도저히 이해가 가지 않는 일이다. 특히 선릉의 옆 구릉지에 모셔진 중종도 여자 관계는 만만치 않았다하니, 두 분은 그래서 승천 후에도 불야성 같은 강남의 밤거리를 봐야하는 위치에 자리하고 있지 않나 생각된다. 그러나 그 에너지 넘친 성종은 조선시대 최고의 법전인《경국대전》을 비롯하여, 서거정이 성종 9년에 엮은《동문선》, 1485년(성종 16)에 신라초부터 고려말까지 역사를 편찬한《동국통감》등의 문헌 편집에도 정열을 기울였다. 아울러 불교

는 배척했지만, 유교를 정치적인 기반으로 자리하게 되는 시대를 열었다.

성종이 잠들고 있는 선릉은 그 당시 다른 왕릉에서 볼 수 있듯이 자연과 함께 조용한 공간에 자리 잡은 것과 같은 모습이였을 것이다. 그러나 지금은 울타리를 사이에 두고 빌딩의 숲으로 구분되는 아쉬움을 남기고 있다. 이왕 문화재로 길이 후손에게 물려 줄 것이면 좀 더 여유 있게 주변을 살리고 완충 여벽의 숲을 보존하였더라면 우리 후손들에게 얼마나 자랑스러웠을까 하는 아쉬움이 많은 곳이 선정릉 영역이다. 문화재의 보존은 외압보다는 그들이 알지 못해 하는 것이므로 서로가 주인과 전문가의 의식으로 국가를 설득하는 것이 진정한 전문가가 아닌가 생각한다. 여하튼 우리가 이런 생각을 하면서 걷다보면 주차장 옆길에서 홍살문을 만난다. 홍살문의 주춧돌 모양을 보면 다른 왕릉의 8각 원주가 아닌 장방형에 4모서리를 살짝 모접은 모양으로 색다른 정성과 함께 자연미가 느껴진다.

선릉은 홍살문에서 보면, 정면에 정자각과 비각을 오른편에 비켜 세우고, 참도 좌우로 수복방과 수라간을 두고 있다. 그리고 능침은 동원이강릉의 형식으로 성종의 능은 왼편 언덕에, 그리고 계비 정현왕후는 오른편 다른 능선의 언덕 위에 잘 보이지도 않는 곳에 두어 서로 관계가 없는 별도의 능처럼 자리 잡고 있는 것이 특이하다. 그러나 조선시대 궁중의 예법을 중시했는지, 아니면 남존여비 사상인지, 그렇지 않으면 계비 정현왕후가 성종을 엄청 사랑했는지 지금의 계비 정현왕후의 능은 정면으로 성종의 능을 바라보고 있다.

성종의 원비는 성종의 옆에서 잠들지 못하고 서울의

서쪽인 구파발에 있기에 후손들이 나무숲을 중간에 두고 동원이강릉으로 만들었는지 모른다. 조선시대 동원이강릉에서도 조선 제8대 왕인 예종과 계비 안순왕후의 능인 서오릉에 있는 창릉은 인위적으로 만든 두 개의 언덕에 중간에 잔디를 심은 사초지로 연결한 것으로 선릉에서는 조금 차이점을 볼 수가 있다.

홍살문부터 시작하는 참도를 살펴보자. 홍살문 오른편에 자리한 배위는 장대석으로 윤곽을 돌리고 가운데 넓고 판판한 석판을 까는 형태로 돌의 느낌이 매우 부드러운 것이 특징이다. 그리고 참도를 보면, 신도는 어도의 2배의 폭을 갖고 있으며, 단도 한단 높게 되어 있다. 정자각 앞으로 다가서면 우측으로 돌아 전면에 정면 한 칸, 측면 한 칸의 팔작지붕의 앙증맞은 자그마한 비각이 자리한다. 비각 건물은 전면은 판문이고 3면은 중인방 아래에 전돌을 일정하게 박은 화방벽으로 꾸며져 있으며 상부는 살가지 창으로 되어 있다. 지붕은 팔작지붕으로 용마루와 내림마루 끝에 자그마한 용두가 있는데, 이는 옆 능선에 자리 잡은 중종의 비각과 같으나 추녀마루를 용두가 아닌 암막새로 마무리한 것이 차이가 있다. 비각 안에는 전서체로 "조선국성종대왕선릉정현왕후부좌강朝鮮國 成宗大王宣陵貞顯王后祔左岡"이라고 쓰여 있는데, 성종의 묘와 정현왕후 묘의 좌측 언덕에 적혀 있다. 그리고 비각 못미쳐에는 부엌 한 칸, 온돌방 한 칸의 수복방이 자리한다. 현재, 건너편에 있어야 할 수라간은 소나무 아래 터만 남아 있다.

정자각은 3단의 장대석 기단 위에 맞배지붕의 정자각이 자리하는데 기단의 하단 지대석은 상부 2단의 기단석보다 두툼하게 되어 안정감을 느끼게 한다. 정자각으로 오르는

세월의 아픔이
느껴지는
선릉 병풍석의
표정

길은 오른편에 태극무늬 소맷돌로 되어 있는 신도 계단과 긴 장대석만을 3단 올린 어도를 이용하게 된다. 정자각은 1단의 기단을 더 만들고 둥근 기둥에 익랑의 두 칸과 제사공간의 전면 세 칸, 측면 두 칸의 5량집 겹처마 맞배지붕 형식을 하고 있다. 건물의 조립 방법을 살펴보자. 소의 혀처럼 길게 굽어 내민 쇠서라는 공포 부재를 한 개 꾸민 초익공의 공포로 두 개의 대들보를 건네지은 5량집의 모습이다. 그리고 전면에는 4분합문으로 꾸며진 어칸 한 칸에 협칸 두 칸의 모습이다. 배면 벽에는 중앙에 이분합 문을 두어 능침에 올라가 제사를 지내는 것이 아니고 문을 통하여 사초지 위에 머리 부분만 보이는 석상들을 보면서 제사를 올리기에 만들어진 문이다. 단청은 연화머리초 단청으로 최근에 그려져 깨끗하다. 그리고 둥근 기둥에는 하단에 흰색 띠 모양의 단청이 칠해져 있는데 이것은 사당과 같이 제사공간에서 나타나는 지하세계에 대한 상징적인 표시이다. 전통 한옥에는 위계질서가 분명하기에 회랑부분은 지붕 위의 용마루에 취두를 두고 있으나, 내림마루에는 대당사부를 앞에 두고 세 개의 잡상과 용두가 뒤에 놓여져 있다. 제사공간에는 네 개의 잡상이 얹혀져 정자각 안에서도 실의 위계감을 표현하고 있다. 이렇게 엄중하고 엄격한 공간에서 제사를 끝낸 후 축문은 정자각 왼편의 네모난 석함에서 태워졌다. 이 예감에서 태우던 축문의 불꽃이 산불로 번지지 않게 불조심을 위해서 예감에 뚜껑을 달았던 장부 흔적과 고리 흔적은 선조들의 섬세함을 다시 한 번 느끼게 한다. 예감 왼편 언덕 위의 성종의 능침으로 발길을 돌려 보자.

작은 언덕 위에 지나치리만큼 거대한 문석인과 무석인의 두툼한 어깨가 시선을 압도한다. 능침의 봉분 주위에는 병풍석과 난간석을 갖추고 있으며, 연꽃 문양으로 조각된 상대석과 하대석을 지지한 병풍석에는 구름무늬 바탕에 12지상이 조각되어 있다. 병풍석 위에 얹혀진 돌부리는 인석이라 하는데 봉분이 붕괴되거나 병풍석이 붕괴되는 것을 막는 구조적으로 중요한 석재이다. 이러한 예는 석굴암의 돔형 지붕을 만들 때 연속적으로 돌부리를 끼워 놓은 것과 같은 것으로 우리 선조들은 석조를 이용한 조형미뿐만 아니라, 건조물의 구조 안전을 위한 기술도 탁월하였다. 왕릉 앞의 혼유석을 받치는 북석

은 괴면이 조각된 둥근 북석으로 왕의 혼령을 보호하는 역할을 하였다. 그리고 좌우편에 혼유석을 두고 망주석을 세웠다. 망주석의 기단석은 2단으로 구분하고, 연꽃의 앙련과 복련으로 기단석을 장식하였다. 기둥석에 앙증맞게 붙어 있는 작은 세호와 중간의 고리 모양은 매우 인상적인 모습이다.

더욱이 능침의 공간에 비하여 거대한 문석인과 무석인과 장명등은 매우 답답함이 느껴지는데 담장 너머 거대한 빌딩 숲과 오버랩되어 시야에 들어오기에 더욱 그러한 느낌을 지울 수가 없다. 장명등은 팔각 옥개 부분의 화사석과 기단석의 비례에 비하여 크고, 아래 부분에도 목조 건축의 공포를 단순히 조각하였다. 또한 장대석을 받치는 기대석은 낮게 부조하여 향로 다리를 표현하였기에 매우 투박한 느낌이 든다. 이러한 표현양식은 당시대에 일반적인 표현으로 조선 후기의 장명등과는 차이가 있다.

문석인은 두툼한 얼굴에 순박한 표정이며, 몸체는 웅장하지만 관복이 단순하여 강직한 신하의 모습으로 표현되어 있는데, 이 표정에서 왕을 더욱 듬직하게 지킬 수 있을 것 같은 느낌이 든다. 또한 무석인은 화려한 갑옷에 양어깨에 선명한 괴면의 얼굴과 왼편에 두 개의 고리로 연결된 칼집에 짚고 있는 괴면이 조각되어 있는 듬직한 칼은 왕의 능침에 어떠한 불미스러운 일이 생겨도 단번에 막을 수 있을 자세이다. 그러한 우리 조상들의 염원을 일인들은 능을 훼손시켜 능멸했던 것이다.

언덕 너머 소나무의 고고한 기풍이 흐르는 서쪽에 자리한 계비 정현왕후의 능은 성종의 능보다 사초지가 매우 작다. 석물에 있어서는 거의 비슷한 모습을 하고 있으나 병풍석이 생략되고 난간석만을 만들어 놓았다. 특히 무관석의 귀에는 깃모양의 조각을 더하여 이곳을 지키는 무석인은 단순한 무관의 형상이 아닌 귀에 깃을 갖은 용맹한 무사의 특별한 모습으로 능역을 지키는 것에 대한 특별한 의미를 표현하고 있다.

목가구의 결구기법을 사실적으로 표현한 장명등

선릉은 임진왜란 때 봉분이 훼손되고 재실마저 불태워지는 변고를 당했고, 실록에 의하면 그 일을 벌인 일본인 범인들을 조선에 송환하여 사형을 처했다고 한다. 그 일은 조선의 왕실을 압박하기 위한 수단으로 겁을 준 것인데 과연 그 범인이 조무래기 도굴꾼이였는가에 대해서는 당시 조정에서도 의견이 분분하였다 한다. 임진왜란으로 한반도를 초토화 해 놓은 나라가 진정한 범인을 순순히 잡아 돌려보냈을까 현대를 사는 우리들의 상식으로도 의심이 가는 부분이다. 그 후에도 선정릉은 1625년에 다시 정자각이 불에 타는 등의 어려움을 겪었다.

지금의 선릉은 도시 한복판에서 우리에게 휴식을 제공하는 공간으로서 역사의 교육의 장으로서 활용도가 매우 높다. 세계문화유산 등재 후에는 외국인들이 전철이라는 교통수단을 이용해 쉽게 답사할 수 있는 장소이기에 산업도시로의 강남이 아닌 궁궐 경복궁과 같은 왕릉의 조형미를 도시인들에게

선릉의
석수와
석인들의
표정

충분히 제공하고 감상하였으면 하는 바람으로 글을 이어간다. 왕릉 주변에 밀집한 수많은 무역회사들을 찾는 외국 손님들에게 왕릉에 조형된 석상들을 보여주면서, 한국인들이 사랑하는 회화는 무엇인지를 알게 하고 대화를 이끌면 많은 도움이 되리라고 본다. 저자도 학생들을 데리고, 2번의 해외 봉사단장으로 캄보디아를 간적이 있다. 앙코르 유적을 답사한 후 그곳에서 만난 캄보디아인들에게 짧은 영어로 당신들의 나라에는 앙코르 유적이라는 위대한 재산을 갖고 있기에 지금은 어렵지만 역사를 기반으로 미래에는 선진국으로 도약할 수 있다고 말할 때마다 기뻐하는 그들의 표정을 보았다. 이와 같이 역사 유적은 전시물만이 아닌 정신과 혼이 있는 곳이기에 현대를 사는 우리들도 이러한 조상의 혼과 정신이 깃든 왕릉과 같은 역사의 장소에 답사하면서 자긍심과 함께 고고한 문화가 서려있는 아름다운 왕릉을 단순 볼거리가 아닌, 정신의 힘을 느끼는 답사 장소로 거듭날 수 있길 바라는 마음이 간절하다.

정릉靖陵

정릉은 선릉의 언덕 너머 서쪽편에 자리하고 있는 조선 제11대 중종中宗의 능으로 지금은 능침 아래 일주문과 일직선상으로 담장을 사이에 두고 능역과 상가지역으로 나뉘어져 있다. 조선시대 능역의 분위기는 느낄 수 없으나 가는 길에 능참봉이 거주하며 능을 지키던 재실을 만나게 되고, 그 앞을 지나면 풍광이 아름다운 오리나무 숲길을 지나 홍살문에 다다른다.

선정릉의 재실은 선릉과 정릉을 아우르는 재실로 가운데 솟을대문을 둔 행랑채와 일자형 네 칸 크기의 안채로 팔작지붕에 홑처마로 되어 있다. 안채의 구성은 중앙 한쪽에 대청마루 한 칸을 두고 좌우로 온돌방이 꾸며져 있다. 그리고 행랑채는 중앙에 대문칸을 두고 좌우 대칭으로 온돌방과 창고, 그리고 모서리에 작은 대청마루를 두고 온돌방이 이어진 홑처마 맞배지붕 형식을

양련이 아름답게 표현된 정릉의 병풍석

정릉의 혼유석

하고 있다. 재실의 행랑채 외벽은 중인방까지 돌과 흙을 혼합한 화방벽으로 견고함과 미관적인 아름다움, 그리고 중요한 외부와의 직접 닿기에 화재를 막기 위한 화방벽으로 되어 있는 것이 특징이다. 한옥에서는 담장안에 있는 건물은 흙벽으로 마무리하나, 외부와 맞닿은 벽은 전돌이나 기와, 돌을 이용하여 화방벽으로 마무리하는 것이 기와집의 화재에 대한 안전예방 방법이다. 특히 서편으로 난 협문을 나서면 500년 넘은 은행나무의 거대한 모습을 볼 수가 있다. 당시 제사상에 은행이 꼭 필요해서 심어 놓았을 것 같다. 지금은 예전 같지 않아서인지 한겨울에도 바닥에 수북이 쌓여 있는 은행을 볼 수 있다.

재실을 지나면 주위 언덕에는 참나무가 빽빽이 들어차고 정릉 앞쪽의 낮은 습지에는 오리나무가 자리한 것을 볼 수 있다. 조선시대 왕릉에는 낮은 곳은 습기를 빨아들이는 오리나무를 심고, 능역 주변에는 소나무를 심었다. 소나무 아래는 다른 나무나 풀들이 자라지 못하기 때문에 개구리와 같은 양서류가 서식하지 못하고, 그로인해 먹이사슬의 위 단계인 뱀이 서식하지 못하여 왕릉을 보호하였다고 한다. 그리고 능역 주변에 소나무를 심은 이유는 제왕의 나무라고 하여 심어졌고, 이를 지키기 위하여 완충지역에는 화재에 강한 참나무를 심었다고 한다. 정릉을 답사하면 가을에는 노랗게 물들은 참나무 숲길을 걷게 되고, 아울러 사계절 푸르른 솔밭길을 걸어가면 능침을 발견하게 된다. 그리고 5월 달에는 또다른 장관이 능침에서 우리를 기다린다. 하얀 꽃이 주렁주렁 매달리듯이 피는 때죽나무를 비각 옆에 심어서 마치 비석의 위패에 대한 예의를 갖추듯 조명등처럼 하얀 꽃이 푸르른 소나무와 대비되어 왕릉을 찾는 우리들에게 또 다른 아름다움과 신비스러움을 느끼게 해 준다.

선정릉의 지형은 서쪽 끝에 산릉에 자리하고, 정릉은 동쪽 끝에 자리한다. 따라서 경건하고 조용히 왕릉을 걸을라치면, 도시개발로 오른편의 숲이 사라져서 울타리 건너의 빌딩들에서 왕릉을 걷는 이의 모든 모습을 보게 된다. 홍살문에서 서면, 오른쪽은 마치 무대에 서있는 한 사람이 되어버린 듯하다.

중종은 성종의 아들로 정현왕후 사이의 둘째 아들로 태어났다. 1506년(연

세월의
무상함을
느끼게 하는
석상들의
모습

산군 12), 박원종, 성희안 등이 무오사화, 갑자사화를 일으키고 훈신세력을 숙청하는 등 지나친 독주로 백성들에게 원성을 사게 된다. 그리고 중종반정으로 조선 제10대 왕 연산군이던 형을 폐위시키고 왕에 오른 분이다. 그러나 반정공신들은 제일 먼저 단경왕후 신씨를 내치게 하고 윤여필의 딸을 왕비로 맞이하게 하였는데 그가 바로 조선 제12대 인종의 생모 장경왕후이다. 그러나 의료시설이 마땅하지 못했던 당시는 산후병이라는 것으로 애기를 낳고 후유증으로 세상을 등진 사례가 많았다. 장경왕후도 이렇게 세상을 떠나게 된다. 그리고 세 번째 부인으로는 윤지임의 딸 문정왕후 윤씨로 조선 제13대 명종의 어머니이다. 조정에서는 공신세력을 견제하기 위하여 개혁파인 조광조를 등용하고 사족 중심의 자치규범인 향약을 실시하여 유교가치관의 기초를 둔 4강목을 통해 왕권 강화를 시도하였으나 여의치 못하였다. 그러나 결국은 기묘사화를 통하여 조광조와 같은 신진 세력들을 숙청하게 된다. 그리고 불교를 배척하는 정치는 성종, 연산군을 거쳐 중종 때에도 이어졌다.

더욱 안타까운 것은 1544년 승하한 중종이 둘째 부인 장경왕후 곁(고양시에 있는 희릉)에 예장되었으나, 결국 셋째 부인인 제13대 명종의 어머니 문정왕후에 의해 지금의 자리에 잠들게 되었다. 그리고 문정왕후는 자신도 함께 잠들지 못하고 서울 노원구 공릉동 태릉에 자리하고 있다. 이곳은 아들인 조선 제13대 명종과 인순왕후가 있는 곳으로 그들 곁에 잠들고 만다. 홍살문을 지나며 어항에 가두어진 물고기처럼 사림들에게 휘둘리고 죽어서도 부인들의 시기심에 홀로 남게 된 중종의 허전함을 울타리 너머 불야성 같은 빌딩 숲의 네온사인과 자동차 불빛이 달래 주고 있다. 특히 눈이라도 펑펑 내리는 겨울 세찬 북풍이 몰아치면 안쓰럽기까지 하는 분위기다. 도시의 콘크리트 빌딩 숲에 가려 더욱 을씨년스럽다. 재실을 지나 정릉의 능역으로 가는 길가에 심어진 오리나무는 길 가던 나그네가 거리를 알기 쉽게 하기 위해 5리마다 심었다 하는 나무의 이름에 대한 사연이 있다. 오리나무 숲길을 지나면 낮은 구릉 아래쪽에 홍살문이 있고 지금 보아도 저지대처럼 보이는데 《선조실록》에도 홍살문까지 침수되었다고 한다. 따라서 제사를 지내기 위하여 정자각에 배를 띄워 운반하였다고 하니 꽤나 저지대이였던 것 같다. 특히 정자각 주변에 넓게 깔아 놓은 박석을 보면, 수해를 자주 당해 지반이 약해지는 것을 막기 위해 보강한 모습을 볼 수 있다.

능역 앞에 다다르면, 팔각으로 모를 접은 세련된 홍살문 주춧돌이 눈에 들어오고, 앞을 내다보면 정자각 뒤로 자그마한 언덕이 정자각을 자오선 축으로 대칭을 이루고 있다. 특이한 것은 원래부터는 있었을 것으로 보이나 도시 개발로 너무나 가깝게 울타리가 만들어지다 보니 없어진 것이다. 또한 왕이 선왕에게 절하는 자리인 배위가 없는 것이 특징이다.

마치 하나의 봉분처럼 보이는 사초지 언덕은 지대가 낮아 인공적으로 쌓은 느낌을 준다. 박석을 깔은 약 3자 정도의 신도와 어도는 동일한 폭을 갖고 있으며, 신도는 어도와 구별하기 위하여 한단 높게 이루어져 있다. 참도가 끝나는 지점에 3단의 장대석으로 기단을 쌓아 만든 정자각을 만나게 되며, 정자각을 오르기 위해 우측으로 동선이 돌아가게 된다. 우측 옆으로 난 비각은 3면이 화방벽으로 이루어진 한 칸 규모에 팔작지붕을 갖춘 비각으로 용마루와 내림마루에는 용두가 있고, 추녀마루에는 세 개의 잡상이 올려져 있다. 잡상은 맞배지붕일 경우에는 내림마루의 끝에 올려지며, 팔작지붕의 건물에는 추녀마루 끝에 올려지는데 건물의 크기에 따라 적게는 세 개에서 많게는 열한 개가 올리어진다. 내림마루 끝에서부터 어깨를 딱 벌리고 서 있는 사람 모습은 대당사부이고, 손행자, 저팔계, 사화상, 이귀박, 이구룡, 마화상, 천산갑, 삼살보살, 나도두 순으로 배열되는데 이 비각은 작은 규모이므로 세 개가 올리어져 있다. 비각 안에는 전서체로 "조선국 중종대왕 정릉"명 비문이 있는데, 1755년(영조 31)에 세웠다는 기록이 있다. 비각을 보고 정자각으로 다가가면 두 개의 3중계가 나타나는데, 소맷돌에 당초문이 조각된 신도 계단이 있다. 제사공간의 정자각은 정면 세 칸, 측면 두 칸과 익랑부의 한 칸 두 칸이 조립된 "정丁"자 모양의 맞배지붕이다. 내림마루 부분에는 다섯 개의 잡상을 두고, 뒤에는 용두가 있으며, 용마루에는 취두가 올려져 있다. 특히 정자각은 이익공의 공포에 기둥 사이의 당초문이 양각된 화반이 받치고 중앙으로 연봉오리가 금방이라도 피어오를 것 같은 사실감 있는 아름다운 화반이 창방 위를 장식하며 도리, 장여를 받치고 있다. 그리고 대들보, 창방, 도리 등 주요 구조부에는 연화머리초 단청이 칠해져 있다. 당대 왕이 아닌 사후에 단청이 칠해졌겠지만, 불교에 대표적 꽃인 연화머리초 단청이 불교를 탄압한 왕의 제사 건물에 그려진 것은 무엇인가 어색하다. 단청의 문양은 건물의 외관을 아름답게 하는 목적도 있지만 건물의 용도와 목적에 알맞은 문양을 선택하는 것이 우리 전통 건축의 단청문양이다. 중종의 정자각 문양으로 연화꽃은 어색한 느낌은 들지만, 흥미로운 부분이기도 하다.

정자각을 지나 능침으로 발길을 돌려보자. 명당으로 잡은 땅의 기운이 밖으로 나가지 못하게 하는 의미가 있는 기와지붕의 곡장 안에는 봉분을 지키고 밖에서 침범하는 악한 기운을 물리치기 위하여 양과 으르렁거리는 호랑이가 자리하고 있다. 석호 2마리와 석양 2마리의 다리 사이에는 넓적한 잎이 사실적으로 묘사된 파초가 조각되어 있고, 석호의 옆모습은 입꼬리가 말려 올라가 포효하는 모습으로 근처에 누구도 가까이할 수 없다는 기세의 표정을 짓고 있다. 봉분은 난간석과 병풍석을 완전히 갖추고 있으며, 병풍석의 면석에는 12지신상이 구름 위를 나는 듯하고, 국화꽃과 모란꽃이 활짝 피게 조각된 사각형 막대 모양의 인석이 12방위를 표시하면서 병풍석을 구조적으로 안전감 있게 잡고 있다. 이 능은 난간석이 매우 낮게 만들어진 것이 특징이다. 이 밖에도 초계에는 중앙에 네 개의 괴면이 조각된 북석을 받침으로 한 혼유석과 좌우 담장 끝자락에 조그마한 세호와 조그맣게 조각된 망주석이 각각 자리하고 있다. 그리고 중계에는 정중앙에 팔각형의 옥개부와 화사석, 기단석의 비례 간격과 균형감 있게 장명등이 서 있다. 특히 장명등의 기단석은 염주문과 연화문이 매우 섬세하게 조각되어 있으며, 옥개석의 8면 추녀의 현수이 우아하다. 그리고 장명등, 좌우에는 1마리의 석마를 데리고 있는 코가 매우 크고 눈이 약간 튀어 나와 있는 과묵한 표정의 문석인이 자리하고 있다. 그리고 하계에는 코에 손상을 입은 무석인이 서 있는데, 문석인보다 훨씬 튀어나온 눈과 귀 뒤에는 귀를 보호하는 깃모양의 갑옷 깃이 마치 귀에 날개를 달은 것처럼 보이는 모습을 하고 있다. 특히 코 주름과 안쪽으로 쏠린 눈썹, 가슴까지 내려 감긴 수염, 일자형 입술은 긴장된 장수의 모습으로 왕의 능침을 지키고 있다. 갑옷을 살펴보자. 좌우 어깨에는 괴면을 하고 고리금 모양의 갑옷과 2겹으로 흘러 내린 갑옷은 빈틈없는 매우 견고한 느낌이 들도록 표현되어 있다. 팔목의 토시도 견고하게 갑옷을 표시하고 있으며, 칼을 잡고 있는 손의 손톱까지도 매우 사실적으로 조각되어 있어 매우 조형감 있고 세련된 조각 기술에 감탄하게 된다. 더욱이 굳게 잡고 있는 칼의 괴면에 코가 나오고 손은 입을 잡고 있으며, 아래로는 머리를 잡고 괴면은 송곳니를 내민 채 칼을 입에 물고 있어 능침을 지키는 무석인의 심정을 보여주는 듯하다. 정릉의 석물들은 장명등이나 망주석, 병풍석, 특히 단순한 조각의 문석인보다 무석인의 갑옷과 표정이 웅장한 크기만큼이나 우리를 압도하는 것이 매력이다. 이처럼 정릉은 소나무 숲의 고고함과 함께 능침을 구성하고 있는 석상들의 모습에서 세련미와 공예의 우아함을 느낄 수가 있다.

선릉의
문석인과
무석인

9 무성한 숲만큼 용좌에 한이 서린 광릉(光陵)

세조와 정희왕후 능

이곳에는 조선 제7대 왕인 세조와 정희왕후를 모신 곳으로 하나의 정자각에 별도의 언덕에 두 개의 능을 만든 동원이강릉의 모습이다. 이곳은 약 500여년간 자연의 숲을 관리한 지역으로 크기는 약 30만평의 대규모 지역이다. 광릉은 600m가 넘는 죽엽산 줄기 끝의 운악산을 배산으로 서쪽은 용암산과 소리봉이라는 500m가 넘는 산이 북남쪽을 감싸고 있다. 지형은 서울로 향하는 큰 산줄기로 이어지고 있어서 마치 산 깊고 물 맑은 깊은 산촌에 들어 온 것 같은 착각에 빠지게 하는 곳이다. 여기에는 다양한 수종이 자리하고 있으나 뭐니 뭐니 해도 도로 가운데까지 서 있는 전나무 숲이 일품이며, 왕릉 앞에서는 홍살문 옆에 시원스럽게 하늘로 쭉쭉 뻗은 나무 숲길이 보는 사람들을 압도하기에 충분한 멋을 자랑한다. 그러한 자연적인 여건으로 광릉하면 어렸을 때부터 학교에서의 배움으로 인해 크낙새의 보금자리로 우리의 머리에 더 인식되어 있다. 이러한 배경에는 조상들이 이곳의 풀 한포기도 못 뽑게 만든 이유가 크다. 현재도 이 주위에는 경치가 좋은 분위기 있는 쉼터로 자연사박물관과 크고 작은 전원 카페, 골동품, 민속품 가게가 가는 길옆에 전나무 숲처럼 나열되어 있다. 특히 여름에 이곳을 가면, 청록빛 수림과 계곡이 어우러져 사방이 한 폭의 수묵화를 보는 듯하다.

이곳 광릉에 모셔진 왕은 세조보다는 수양대군으로 우리에게 더 친숙해진 왕이시다. 세조는 많은 조선시대 왕 중에 드라마나 역사소설에 가장 많이 등장하고, 그의 삶에 대해서는 스릴 넘치는 불안감으로 전개되는 역사의 과정을 숨죽이며 전달받아 왔다. 왕이 되길 원했던 야심의 수양대군은 결국 조카인 단종을 제거하고 자신이 왕에 오르며 세조가 된다.

세조는 권력을 얻기 위하여 형제, 조카인 단종, 집현전 학자 등 주변의 많은 사람들을 제거하면서 무자비함을 보였다. 더욱이 주변에 그를 옹호하던 권람과 한명회 등이 이를 돕는 중요한 역할을 하게 된다. 이 사건이 계유정란으로 조카인 단종이 어린 나이인 왕에 오르던 그해(단종 1년, 1453년)인 계유

울창한 전나무 숲속에 안겨 있는 세조의 안식처, 광릉

癸酉년에 세종과 문종왕 때의 대신들을 정란을 일으켜 제거한 사건이다.

세조는 세종이 내세운 적자, 즉 장손으로 이어진 원칙에 어긋나 있어 왕이 될 수 없는 처지이므로, 일단계로 계유정란을 일으켜 정적을 제거하고 대권을 잡게 된다.

결국은 수양대군이 자신의 친 어머니인 소헌왕후 심씨에게서 태어난 동생인 안평대군과 금성대군마저도 사약을 내려 죽이는 사태까지 가자 겁에 질린 형식적인 왕이였던 단종은 3년을 못 버티고 왕위를 수양대군에게 물려주게 된다. 이것이 단양의 장릉에 묻힌 단종과 광릉에서 지척인 금곡의 사릉에 묻힌 단종의 비 정순왕후 인생의 파란만장함의 시작이었고 조선 역사에서는 커다란 차갑고 긴 한파와 같은 휘오리가 시작되게 된다. 조선시대의 왕의 실록이나 왕릉에 대한 이야기를 하려 하면, 세조를 생각하게 된다. 세조는 내적으로는 영월의 장릉에 모셔진 조카인 단종과의 한 많은 이야기가 전해지지만, 외적으로는 조선시대 왕릉의 축조방식을 고려부터 이어져 내려온 석실묘에

광릉의 홍살문

광릉 세조의 능침

서 회격묘로 바꾸어 백성의 노력을 줄이고자 하였다. 또 정통성을 인정받지 못한 그였기에 왕권 강화에 심여를 기울였다. 그리고 백성들의 동향을 살피기 위하여 호패법을 복원하고, 주변 국가와도 유화 정책을 펴면서 군사제도 정비에도 최선을 다하였다.

광릉의 정자각

세조의 비인 정희왕후 윤씨는 충남 홍성 사람으로 수양대군과는 10세에 결혼하였다. 정희왕후는 계유정란 사전에 정보가 대신들에게 알려졌다는 소식을 전해 듣고도 세조에게 갑옷을 입히면서 출정할 것을 지원했다는 일화로도 유명하다. 그의 지략은 세조가 승하한 뒤 둘째 아들이던 조선 제8대 예종이 즉위하지만, 1년 2개월만에 승하하자, 곧바로 한명회와 합작품으로 19세의 젊은 나이에 요절한 맏아들 의경세자의 둘째 아들 잘산군乽山君에게 왕위가 이어지도록 만들었다. 특히 어린 예종의 어머니였던 정희왕후는 대왕대비로서 정치를 통제하게 되고, 이것이 조선 최초의 수렴청정이었고 이 것을 한 최초의 대비가 된다. 이렇듯 세조가 왕이 되기까지 태조가 만들었던 "왕자의 난" 이후 두 번째로 궁궐의 피비린내 나는 시기였다. 예종도 얼마 왕위를 유지하지 못했지만, 이 모든 일들이 근원이 되어 나중에는 단종에 대한 세조의 죄책감이 급기야는 그로인해 자신의 아들 의경세자가 요절하였다고 믿게 되었다. 그리고 자신의 몸에 난 피부병도 단종의 어머니이자 형수였던 문종의 비 현덕왕후가 꿈속에서 자신에게 침을 뱉어서 생겼다고 생각하는 정신적 압박에 현덕왕후의 무덤을 파헤쳐 바다에 버리는 초유의 사태가 발생하게 된다. 그것이 정희왕후가 의경세자의 둘째 아들이던 조선 제9대 왕인 성종,

광릉
석인과 석수의
다양한
모습

즉 잘산군을 선택하게 되는 이유가 되기도 한다.

그러나 세조는 대신들의 왕권 희롱을 잠재운 강력한 왕권강화를 실현시키고, 왕자 시절에는 명석하여 불경언해 작업을 하기도 했으며, 성종 때에 편찬한 조선시대 유명한 역사서인 "경국대전"의 초안을 잡은 왕이기도 했다. 세조는 역사에서 말하는 "세조의 왕위 찬탈"이라는 죄책감으로 피부병이 악화되다가 오대산 월정사 계곡에 들어가 계곡물에서 목욕하다 만난 문수동자에게 도움을 받고 피부병이 나으면서 상원사에 문수동자 화상을 받들어 모시며 많은 전답을 내렸다 한다. 그 후에도 세조가 상원사를 찾아 와서 법당에 들어가려 할 때, 갑자기 고양이가 왕의 용포(임금의 옷의 별칭)를 물고 놓지 않기에 이를 의아히 여겨 법당 안을 뒤져보니 자객이 있었고, 그로 인해 화를 면하였다 하는 이야기가 전해져 온다. 지금도 상원사에 가면 동종도 유명하지만, 법당 입구에 앉아 있는 고양이 석상이 좌우 계단 머릿돌을 장식하게 된 사연으로도 유명하다. 그리고 당시 내렸던 땅이 절에서부터 40킬로미터까지 라고 하는데, 지금의 평창동계올림픽이 열리는 평창 시내부터 월정사의 땅이라 하며 전국 사찰 가운데 가장 많은 땅을 소유하게 된 계기가 이때부터이다.

이러한 파란만장한 사연을 담은 세조도 서슬이 시퍼런 권력을 잡은게 14년이라는 시간에 불과했고, 피부병과 정신적 죄책감으로 결국은 52세라는 나이에 세상을 떠나게 된다. 또한 수렴청정으로 3대에 걸쳐 왕의 정치에 관여했던 정희왕후도 성종 14년 1485년에 춘추 66세에 온양 행궁에서 승하하게 되어 지금의 광릉에 잠들게 된다.

광릉은 홍살문부터 길게 이어진 참도 좌우로의 전나무와 울창한 숲길이 인상적이며, 전나무 숲으로 이어지는 주변의 풍광이 매우 아름답다. 전나무 숲길이 끝나는 곳에서 전면을 바라보면, 숲의 터널 끝자락에 정자각이 5단의 장대석으로 만든 기단 위에 자리한다. 이 정자각은 하나의 능원에 두 개의 능을 조성한 동원이강릉이라 부르는 묘제로 중앙에 정자각을 놓고 좌우에 별도의 곡장인 담장을 두른 두 개의 봉분이 마련되어 있다. 정자각의 왼편으로 보이는 봉분이 세조의 능이고, 오른편이 정희왕후의 능이다. 이 두 능의 공통

점은 좌우 균형이 감탄할 정도로 균형 잡힌 길고 가파른 사초지가 인상적이라는 점이다. 또한 하늘을 닿을 듯이 길게 뻗은 500여 년동안 자라 온 나무들의 행렬은 과히 우리를 압도하기에 충분하다. 그러하기에 사초지 저 멀리 약간 보이는 문석인과 무석인의 상반신과 봉분은 매우 왜소한 느낌마저 들 정도로 사초지가 아득하고 길게 펼쳐져 있다. 특히 봉분 주위에는 소나무가 아닌 전나무가 시원하게 뻗어 있어 숲속 아늑한 보금자리에 품어 있는 듯하다. 이것이 광릉만이 갖고 있는 자연적인 아름다움인 것 같다. 좌우에 펼쳐진 전나무 사잇길로 걸어 능원을 올라서면, 세조의 능역이 선대인 태조부터 문종까지의 능과는 많은 차이가 나는 것을 보게 된다. 울창한 삼림도 압도적인 아름다움이지만, 지금까지 웅장하고 권위적인 왕릉의 이미지와는 매우 다른 소박함을 느끼게 한다. 그렇게 무섭던 세조이지만 죽기 전에 "내가 죽으면 석실과 석관을 쓰지 말고, 병풍석을 세우지 말라, 인력과 비용을 줄이라."고 명하였다 한다. 그래서인지 광릉은 홍살문을 지나면서 넓게 잔디 광장을 두지 않았으며, 배위라 하여 왕이 절하도록 만든 1평 규모의 장소도 보이지 않는다. 또한 홍살문에서 참도라 하여 박석을 정자각까지 길게 깔던 길은 흙길 그대로를 두도록 하였다.

지금까지 화려한 조각이 특징이었던 왕릉의 병풍석은 판석에 새겨졌던 구름무늬에 12지상과 모란무늬 조각, 이를 조립하도록 만든 12방향의 병풍석을 잡고 있는 봉분의 인석引石 등이 생략되고, 난간석만 둘러 간소화하는 새로운 왕릉의 제도 법식을 만드는 계기가 된다.

왕릉은 특히 12방향에 관한 표시의 석물이 봉분을 구성하는데, 12지상과 12방향의 병풍석을 꾸민 이유는 하루 12시간의 의미와 모든 방향으로부터 보호한다는 의미가 내포되어 있기 때문이다. 봉분 주변의 곡장이 세조와 그의 비인 정희왕후와는 차이가 있는데, 세조의 능은 뒤 담장이 솟을지붕처럼 중앙은 높게 좌우는 낮게 꾸며져 있고, 왕비의 능은 평지붕으로 길게 같은 높이로 되어 있다. 세조의 능을 계기로 후대 능들은 봉분에 병풍석 없이 난간석만을 꾸미다가, 다시 병풍석이 나타나기도 한다. 현재 광릉은 호랑이 모양의 석

조선왕릉의 묘제가 간소화되는 시작의 시원인 광릉

호와 양모양의 석양이 봉분을 등에 지고 수호하는 모습을 하고 있다. 그리고 초계에는 귀면이 조각된 고석을 받친 혼유석을 중앙에 놓고 좌우에 망주석을 세워 놓았다. 혼유석을 받치는 고석의 귀면은 치켜 뜬 눈에 짙은 눈썹, 드러난 이빨과 혀 등 크게 벌린 얼굴의 표현은 세조의 못다한 포효를 석공이 조각한 것 같아 매우 흥미롭다. 그러나 자세히 보면 볼수록 인상적인 표정에 잠시도 눈을 뗄 수가 없다. 망주석의 세호를 서로 마주 보는 방향으로 세워 둔다는 것도 조선왕릉을 답사하면서 관심 있게 봐 두기 바란다. 특히 기둥에 기어오르는 다람쥐 모양의 세호는 하나는 올라가고 하나는 내려가는데, 정실인 경우에 오른쪽이 올라가고 측실이 경우에는 왼쪽이 올라가도록 하여 묘주의 신분을 알 수 있게 하였다. 그러나 나중에는 보는 방향에서 오른쪽은 올라가고 왼쪽은 내려가는 모습으로 통일되어 버렸다.

중계에는 중앙에 팔각 지붕돌과 몸돌로 만들어진 팔각형의 장명등을 세우고, 좌우에는 진중하고 긴장된 표정의 문석인 1쌍과, 묘주의 명령이라도 있으면, 즉시 말을 타고 명령을 시행할 것 같은 준비된 석마 1쌍이 기다리고

광릉 정희왕후의 능

광릉
정희왕후의
석양과
석호

있다. 중계를 구분하는 장대석 기단은 높게 만들어져 있어서 문관과 무관의 위상의 차이가 있었음을 나타내는 듯한 인상을 준다. 하계에는 좌우로 무석인 1쌍과 석마 1쌍이 지키고 있는데, 무석인의 부릅뜬 눈에 짙은 눈썹, 굵게 표현된 턱수염이 매우 인상적이다. 특히 무석인은 갑옷을 입은 옷고름과 매듭이 선명하게 표현되어 있으며, 가슴에는 뿔이 선명하고 커다랗게 조각된 괴면이 있고, 칼등에 두 손을 모아 짚고 있는 모습이다. 특히 재미있는 것은 문석인이나 무석인이나 매우 불만이 있는 듯 입술이 뾰로통한 표정을 하고 있는데, 묘주인 세조에게 너무 많이 혼을 나서인지 전체적인 표정이 능침을 지키고 있음에 대한 자신감이 보이지 않는다. 넓은 사초지 언덕에서 바라보면, 봉분을 향해 지형의 높낮이를 이용하여 만들어진 모습의 곡장 담장은 자연과 순응하려는 한국적인 담장의 모습으로, 보는 아름다움뿐만 아니라 기품도 함께 나타난다. 이 곡장은 좌우 7단으로 담장의 변화를 주어 만들어져 있는데 수평 담장으로 이렇게 많은 단을 이용한 곡장도 다른 조선왕릉에서 볼 수 없는 장면이다.

오른쪽에 모셔진 정희왕후의 능역도 세조의 능역과 같은 모습의 석물들이 배치되어 있는데, 이곳에 서 있는 문석인과 무석인의 표정도 정희왕후의 강한 기를 아는지 약간 긴장된 표정을 감추지 못하고 있다. 당시 석공의 작품이긴 하지만, 역사속의 인물을 작업을 하기 전에 들었기에 자신도 모르는 사이에 이 정도가 무덤을 지키는 파수꾼의 모습일 거라고 생각하면서 자연스럽게 표정을 만들게 된 것 같다. 우리 선조들의 돌을 다루는 역사는 선사시대부터 시작하지만, 최고의 절정기는 통일신라시대이고, 그 예로 경주 남산에 가면 수백 개의 불상들과 석조물들이 우리 앞에 모습을 보인다. 그 많은 불상들도 만든 사람의 마음이 표현되었기에 모양이 전부 다르고 표정 역시 전부 다르다.

지난 해 있었던 일이다. 경주 남산의 중턱에 있는 불두가 손상된 좌불상의 복원사업에 자문위원으로 참가한 적이 있다. 알 수 없는 모습의 불두를 복원하기 위하여 제작시기가 동일한 것으로 여겨지는 경주박물관 등 모든 기관

정희왕후릉의 장명등

정희왕후릉의 망주석

의 불두를 조사한 적이 있다. 그런데 수십 개의 불두의 모습 중 같은 것은 하나도 발견할 수 없었다. 얼굴의 표정, 심지어는 머리의 동글 동글한 나발의 배치까지도 차이가 있었다. 이는 만든 석공들이 부처님에 대한 상상의 모습이 이러했을 거라는 자신의 마음의 표현이기에 그러했을 거라고 결론 내렸다. 조선시대 왕릉은 《국조오례의》를 기본으로 석물이 배치되었다. 그러나 석물의 표정은 묘주와의 생활을 표현한 석공의 마음의 표현이기에 조선왕릉을 획일적으로 간주하지 말고 자세하게 관찰하길 바란다. 그렇게 하면 더욱 아름다운 조형 예술과 왕릉마다의 특별한 느낌을 왕조실록과 함께 이해할 수 있을 것이라 생각한다.

이 모든 사연과 능원의 모습들을 뒤로 하고 나오는 나는 파란만장한 인생역전을 노리던 세조의 지나간 시간들이 욕심 많은 인간의 인생의 한 면을 본 것 같아 발걸음이 무겁게도 느껴졌다.

문종에 대하여 자애로움은 군주가 가져야 할 덕목이 아니라고 하는 왕릉 관련 책을 보았다. 조선시대 왕들은 세조처럼 욕심과 야망이 필요하다고 하는 이야기이다. 그러나 나는 그렇게 생각하지 않는다. 남에게 피해를 주지 않고 스스로의 노력으로 얻은 결실이 아름답다는 것을 알기 때문이다. 광릉의 아름다운 경관의 숲길을 걸어 나오면서 현대를 사는 사람들도 욕심이 가득한 인생관이 부질없음을 느껴보게 되길 바랐다. 지금 이곳에 살아남은 오직 태양과 비바람이 주는 자연의 고마움을 몸으로 실천하는 나무들만이 푸르른 광릉을 감싸 안고 있다.

광릉의 원찰은 봉선사로 왕릉으로 가는 초입에 자리하고 있다. "큰법당"이라고 한글로 쓰여진 현판이 인상적인 봉선사는 정희왕후가 중창한 후에 "봉호선왕지릉(奉護先王之陵) 선왕의 능을 잘 모신다."는 말에서 전해졌다고 한다. 현재 봉선사는 경기도 제1교구 본찰로 많은 말사를 거느리고 있는 사세가 큰 사찰이다. 봉선사의 입구에 커다란 맷돌 두 개를 보면 광릉을 모시기 위해 많은 사람들의 공력이 있었던 것으로 보이며, 축대들을 보면 커다란 장대석을 이용한 모습도 건물과 어울려 시원스럽고 고풍스럽다. 그리고 기단 갑석의 물

광릉의 원찰, 봉선사 큰법당 앞뜰

예술적·역사적 가치로 본 조선의 왕릉

끊음선을 표현한 과학적이고 세밀한 석공의 손길을 발견해 보는 것도 조선시대 역사와 기술을 짐작하게 하는 자료로 충분하다. 언젠가 저자는 사찰에서 주지스님을 뵌 적이 있다. 스님은 나무를 너무 사랑하여 조경기사 자격증을 갖고 계시고, 분제에 관심이 있어 분재를 가꾸는데 정성을 쏟으시며 수행을 한다고 한다. "사람이 나이를 먹을수록 나무를 가꾸며 사는 것이 가장 행복한 일이다."는 말씀도 덧붙이셨다. 더욱이 스님의 선대 스님이 절의 주지를 떠날 때 많은 업무 중에 당신이 좋아하시던 은행나무를 심어 놓고 나무를 베지 않겠지? 라는 말끝을 놓고 가셨다 한다.

이 모든 사연들의 봉선사는 광릉만큼이나 나무에 대한 애착의 기운이 가득한 사찰로 광릉의 원찰의 기를 이어가고 있는 듯하다.

10

승천한 용龍의 한이 느껴지는

동구릉(東九陵)

전돌로 쌓은 화방벽과 굴뚝이 매우 조형감을 느끼게 하는 동구릉 재실의 행랑채

본채와 건너채가 구별되어 배치된 동구릉 재실

동구릉은 한양의 동쪽에 아홉 개 왕릉이 있다하여 주어진 이름이다. 이곳은 태조 이성계가 숨을 거두자 도참사상의 대가인 하륜이 찾다가 의정부사 김인귀가 지금의 자리를 추천하여 하륜이 득달같이 찾아가 선택한 길지이다. 하륜은 경복궁을 지을 때도 무악산을 등지고 궁궐을 서향에 앉히고자 제안했던 분으로 풍수사상에 심취한 인물이었다. 이곳에는 가운데 중심 축 가장 상단에 조선을 개국한 태조 이성계의 건원릉建元陵의 능이 자리하고 있다. 그 아래로 인조왕비 장렬왕후의 휘릉, 영조의 원릉, 현종의 경릉과 그 아래 경릉비인 단의왕후의 혜릉이 자리하고 조금 더 지나 우측으로 가면 현종과 명성왕후가 잠들고 있는 숭릉이 자리한다.

또한 왼편으로는 선조와 의인왕후, 인목왕후가 모셔진 목릉이 자리하고 조선 제5대 왕인 문종과 현덕왕후가 잠들고 있는 현릉이 자리한다. 그리고 추존왕 문조와 신정왕후가 모셔진 수릉이 자리한다. 그러나 우리가 눈여겨 볼 것은 동구릉에 많은 왕릉이 있어 명당으로 보는 이들도 있다는 것이다. 그러나 동구릉을 답사하고 나올 때쯤 되면 과연 그럴까하는 의구심이 생기는데, 그 이유는 원래부터 이곳을 수릉(왕이 살아생전 미리 지정해 두는 묘자리)으로 정했던 사례가 적다는 점이다. 그럼 많은 왕릉이 있는 곳, 그리고 조선시대 초기부터 말기, 1855년(철종 6)에 건원릉의 왼쪽 언덕에 모셔진 추존황제 문조의 능인 수릉을 동구릉에 옮겨 옴으로써 조선시대 왕릉의 변천사를 볼 수 있는 중요한 조선왕릉 답사 길로 생각하기에 우리 함께 걷기 시작하자.

동구릉 초입에는 최근에 만들어진 것이지만, 문화재청이 만들어 놓은 진입로 좌우에 세워 놓은 둥근 돌기둥의 세호 문양이 의미심장한 동구릉의 왕릉길을 밝혀 주고 있다. 둥근 석주 위에는 망주석의 세호를 새겨 놓았는데, 세호細虎는 망주석과 함께 혼령이 자신의 안식처로 찾아가기 쉽게 밝혀주는 촛불과 같은 의미이다. 그러므로 입구에 둥근 기둥의 세호는 우리들을 왕릉 입구까지 잘 인도하겠다는 약속을 이행할 것으로 믿게 된다. 전면으로 동구릉 전체의 능역을 알리는 홍살문이 세워져 있고 직선으로 조금 올라가면 오

건원릉 정자각 앞에 꾸며진 배례석

마루, 온돌, 부엌으로 구성된 건원릉 수복방

5개의 고석을 받친 혼유석, 건원릉

른편으로 길이 꺾이면서 우측의 소나무 숲 사이로 한옥이 한 채 보인다. 이곳은 동구릉 전체를 관리하는 능참봉이 거주하는 곳으로 왕이 제사를 왔을 때 관련 조정 대신들이 묵는 장소로도 사용하던 재실이다. 이 재실은 행랑채에 동입서출東入西出을 위하여 솟을문을 두 개 두고 입구가 되는 오른편에는 맞배지붕 형태에 용마루에 용두를 올려놓아 중심 대문임을 알리고 있다. 안채는 팔작지붕 건물의 2동이 자리하는데, 안채는 두 칸, 세 칸의 1채와 용마루에 용두가 올려진 대문이 마주하고 정면으로는 여섯 칸 두 칸의 1채가 별동으로 자리 잡고 있다. 이제부터가 왕릉 답사길의 시작이다.

동구릉의 모습을 보는 순서는 일주문과 재실을 지나 건원릉에서부터 시작하는 것을 권한다. 동구릉에 모든 왕릉들도 건원릉에 잠든 태조 이성계로부터 시작하기 때문에 왕릉의 표본이 될 뿐 아니라 역사의 흐름을 이해하는 데도 도움이 된다. 재실 앞을 지나 정면으로 쭉 걸어 올라가면 동구릉의 중앙축으로 실제 건원릉으로부터 좌우로 내려가면서 조선시대의 후기로 연결되기 때문이다. 건원릉으로 가는 평탄한 소나무 길을 걷다보면 우측의 수릉을 시작으로 문종의 현릉을 알리는 일주문이 보인다. 조금 더 올라가면 금천교를 지나면 정면에는 건원릉, 우측에는 선조의 목릉이 나타나고, 왼편으로는 조선 제16대 왕 인조의 계비 장렬왕후의 능인 휘릉이 푸르른 소나무 숲 사이로 빼꼼히 보인다.

건원릉은 일주문을 향하여 좌우로 활처럼 휘어져 자라는 나무가 인상적인데 홍살문 우측에는 왕이 절하는 사각 석조 곽 안에 전돌을 깔아 만든 1평 규모의 배위가 자리한다. 그리고 고개를 들면 정자각 너머로 비교적 높이 올라온 듯한 봉분이 보이는 능침 영역이 용마루 위로 보이고, 정자각 추녀 끝에 걸려 있는 듯한 비각이 정자각의 뒷자리에 앉아 있다. 또한 능을 지키는 능참봉이 수시로 관리하러 머물던 수복방이 오른편에 치우쳐 자리를 잡고 있다. 동구릉은 6.25의 피해가 심한 곳인데 특히 수라간과 수복방이 전부 훼손된 가운데 건물터로 남아 있다. 그러나 현재로는 건원릉의 수복방만이 유일하게 남아 있는 부속 건물이다. 한편 최근들어 수라간과 수복방을 복원하느라 분

주하다.

이곳이 조선을 개국한 태조 이성계가 잠들고 있는 곳으로 홍살문의 참도를 올라서니, 조선의 개국을 알리는 역사의 길을 걷는다는 감명에, 아니 그분을 만난다는 생각에 마음이 벅차오른다. 태조 이성계는 고려 후기에 최영 장군과 함께 왜구와 오랑캐를 무찔러 나라를 지키는 용맹한 장수로 유명하였다. 그러나 백성과 궁궐로부터 신임 받던 두 사람은 명나라가 간섭의 시작을 통보함에 따라 고려 최영이 출병을 주장하게 되고, 발탁된 이성계는 1388년 요동정벌을 나섰다가 위화도에서 회군을 하여 고려를 조선으로 만든 분이다. 이 당시 이성계는 도저히 이길 수 없는 군대 병력으로 요동을 치러 간다는 것이 잘못됨을 말하였으나 결국 무조건 북벌을 강행하던 최영 장군의 의견이 받아들여지면서 그들은 적으로 만나게 되었다.

그리고 1392년 7월에 북한 개경의 수창궁壽昌宮에서 왕이 되었다. 그는 고려라는 국가를 조선이라는 국가로 만든 어려운 과정을 겪었고 자식들 간의 피비린내 나는 2번의 왕자의 난을 목격한 아버지였다. 또한 목숨을 걸고 일구어 놓은 조선이라는 나라의 왕으로서 7년이라는 짧은 기간 동안 왕위에 있었다. 역사 속으로 들어가는 시간 여행길에서는 태조 이성계의 살아생전의 모습을 생각하면서 참도로 걸어보자. 태조가 걷는 신도神道는 한 단 높고 우측편으로 난 박석이 깔린 어도御道로서 왕의 자리를 걸으면서 역사 속으로 들어가고 있다. 참도를 따라 정자각까지 걸어가서 우측으로 돌아 신계와 어계로 분리된 계단을 올라서면 박공 부분에 치마널을 둥글게 두른 정자각에 다다른다.

정자각은 장대석으로 이고석 쌓기 기법의 3단의 기단 위에 익랑과 제사공간으로 연결되어 있으며, 기둥 사이에 당초문 화반을 세 개씩 넣어 화려하게 장식하고 있다. 기둥은 원형기둥으로 아래 하단에 흰색이 칠해져 있는데, 이것은 제사공간이라는 의미로 서원이나 향교의 사당, 개인 주택의 사당 및 왕릉의 재실공간에 표시되어 있다. 공포 가구기법을 살펴보면, 제사공간은 일출목 이익공으로 짜여져 있고, 회랑 부분은 무출목이면서 소혀처럼 길게 내민 삐쭉

태조 이성계의
안식처,
건원릉의
비각과
비석

건원릉을
지키는
석인과
석수

한 부재가 이단으로 내밀어 장식하는 기법인 이익공 가구로 짜여 있다. 단청은 연목, 즉 서까래 끝의 둥근 마구리 부분에 연꽃이 그려져 있으며 기둥이나 보와 같은 천장가구 부재에는 주화머리초로 장식한 단청이 절제된 아름다움으로 표현되어 있다. 한편 정자각에는 전돌이 깔려져 있는데 올라가고 내려가는 계단 위로 넓적한 판석이 눈길을 끈다. 동계를 올라서면 이 넓적한 판석이 자리하는데, 이곳은 왕이 한 번 절하는 곳이다. 그리고 제사가 끝나면 서계로 내려오는 앞에도 또 다른 판석이 있다. 이곳은 왕이 서서 소전대에 축문을 태우는 것을 보고나서 재를 예감에 묻는 의식을 확인하는 장소로 제사의 일정이 완료되면 계단을 내려오게 된다. 축문을 태우던 탑신 모양의 돌 받침이 있는 소전대는 이곳과 대모산에 있는 조선 제3대 왕인 태종 이방원의 헌릉에서만 볼 수 있는 특별한 시설로 정자각 우편, 즉 비각의 반대편 기단의 발치 아래 놓여져 있다. 소전대는 정자각 바로 서편에 있고 일직선상으로 사초지를 향해 보면 사초지 아래 소전대에서 태운 축문을 묻는 예감이 있다.

이 능에서는 정자각 뒤편 동쪽으로 있는 비각을 꼭 관심 있게 봐야 한다. 비각의 규모가 내부 중간에 고주를 세울 정도로 큰 것도 특징이지만, 이 안에는 태조의 행적을 적은 신도비가 유명하다. 이 글을 쓴 이는 의정부 좌정승 창령부원군이던 성석린이 72세에 쓴 글로 당시의 나이로는 매우 고령의 나이임에도 불구하고 이렇게 힘 있는 필력으로 많은 글자를 썼던 것도 매우 주목할 만하다. 행적에는 조선을 개국할 당시 도와주었던 인물들의 당시 직책과 이름이 빼곡히 쓰여져 있다. 그리고 그 옆에는 원 신도비를 흉내 낸 모양에 검정색 오석으로 세워진 비석이 있다. 이 비문에는 대한 태조고황제 건원릉이라고 쓰여 있는데 이것은 조선 제26대 왕인 고종이 세운 것이다. 고종이 황제가 되기 위해 어쩔 수 없이 명분으로 조선을 개국한 건원릉을 고황제라는 칭호를 붙이게 되었다는 사연도 매우 흥미로운 사실이다. 한편 비석을 받치고 있는 귀부龜趺는 목을 움츠리고 물위를 헤엄치는 모습으로 먹이를 먹기 위해 긴장하듯 귀도 세우고 눈도 크게 뜨고 입은 벌려져 긴장된 모습을 하고 있다. 그리고 비의 상단에 지붕을 얹은 돌을 옥개라고 하고, 장식을 이수라고 한다. 이수는 구름 모양을 하고 있는 것이 일반적이지만, 정식으로는 두 마리의 용을 조각한다. 원래 이수는 왕족이나 공신에게만 허용되는 특별한 문양이다. 건원릉의 신도비는 건원릉 조성 당시의 신도비와 그 옆에 고종 때 세운 표시석이 있다. 신도비는 두 마리의 용이 여의주를 붙잡고 격렬한 몸놀림으로 여의주를 놓칠까봐 서로 팔목이 접힐 정도로 꼭 잡고 있는 모습이 매우 역동적이다. 또 다른 발은 "태조건원릉비"라는 비의 이름표를 받치고 있다. 그러나 고종 때 만들어진 표시석은 대한제국의 왕실 문양인 오얏꽃을 이수 중앙에 사용하고 있다.

정자각을 내려오면 커다란 언덕인 사초지가 시야를 꽉 메우고 능선 위로 무석인의 머리 부분이 보일 듯한 능침 봉분이 나타난다. 사초지 옆을 돌아 능침에 올라서면 잘 다듬어진 사초지와는 다르게 봉분에 풀이 무성하다. 왕릉을 제초하다가 만 것처럼 보이는 이 광경에 당황하게 된다. 봉분에 무성이 자라는 풀은 잔디가 아닌 억새풀이다. 조선왕릉 중에 유일하게 봉분에 잔디가 아닌 억새풀이 심어져 있다. 이는 태조가 죽으면서 아들인 조선 제3대 왕 태종 이방원에게 유언으로 고향인 함흥 땅에 묻히고 싶다는 유언을 남겼으나 들어 주지 않고 이곳 동구릉에 잠드는 대신 함흥에서 가져온 흙과 억새풀(청란靑亂)을 봉분에 덮어 놓았기 때문이다. 이 억새풀은 지금도 한해를 넘기고

조선 제5대 왕인 문종과 현덕왕후의 안식처인 현릉

동원이강릉의 배치를 보이는 현릉의 능침 공간

4월 6일 한식날을 기하여 봉분의 억새를 베는 행사가 이어져 내려오고 있다. 특히, 건원릉은 고려시대 묘제를 그대로 계승하고 있으면서 유교 형식에 기초한 팔각장명등과 제사를 지내고 난 축문을 태우는 소전대 등을 갖추고 있다.

능침의 곡장안에는 십이지상과 구름이 조각된 12장의 병풍석과 둘레를 두른 난간석을 갖추고 있다. 곡장은 전돌로 쌓고 기와를 올려 놓은 모습으로 지붕 끝에는 암수막새를 올려 장식하고 있다. 병풍석은 상·하로 연꽃무늬의 복련과 앙련으로 갑석과 지대석을 받치고 있다. 연꽃의 꽃 끝까지도 세밀하게 표현되어 세련된 정성을 느낄 수가 있다. 그리고 난간석 사이는 봉분에서 흘러내리는 빗물이 봉분을 손상시키지 않도록 지붕골 모양의 지대석이 깔려져 있다. 주위에는 능침을 지키는 일을 맡은 돌로 만든 호랑이 모양의 석호가 있다. 석호는 어깨가 잘 발달된 모습으로 이빨을 드러내고 으르렁대는 표정과 가까이 다가가면 급방이라도 덮칠 것 같은 준비 자세로 다리를 모으고 있다.

석호 한 마리 건너마다는 명복을 빌며 사악한 기운을 물리치라고 세워 둔 양 모양의 석양 4마리가 주위를 호위하고 있다. 석양은 귀가 선명하게 표현되어 있고, 뒷다리는 앞다리에 비해 매우 튼튼하며, 고개를 번쩍 치켜들고 웃는 모습으로 누구든 와도 충분히 뿔로 받쳐 이길 수 있다는 자신감이 가득 찬 표정을 하고 있다. 한편 조선시대 왕릉은 위계질서와 지형의 경사를 이용하여 3단으로 구분하고 있는데, 봉분 주위를 초계라 부르고 한단 아래를 중계, 그 아래를 하계라고 부른다.

건원릉도 3단으로 단을 구분하고 초계에는 병풍석, 난간석을 갖춘 봉분과 앞에 혼유석, 그리고 곡장 앞에 양쪽으로 망주석이 세워져 있다. 혼유석은 넓은 판석의 네모서리에 북처럼 생긴 아래 위 납작하고 복부가 둥근 북석이라는 돌을 받치고 중앙에도 한 개를 받치고 있는데, 혼령이 이곳에 나와 쉬는 장소로 만든 것이다. 중계에는 중앙에 장명등을 놓고 좌우로 한 마리씩 석마를 대동한 문석인이 자리하고 있다.

함흥에서 가져다 심었다는 억새풀이 가득한 건원릉

장명등은 팔각 옥개에 팔각 화사석으로 되어 있고 화사석의 상부를 보면 주심포 계통의 목조가구 모습이 선명하게 표현되어 있는 것이 인상적인데 이는 목조건축물을 표본으로 한 것이기 때문이다. 그리고 기단석 아래에 별도의 판석을 놓고 장명등을 세운 것도 인상적이다. 문석인의 표정은 어떠한가? 관모를 쓴 얼굴은 눈을 지그시 뜨고 공손히 홀을 잡고 있는 모습과 커다란 귀는 이성계의 카리스마에 눌려 얼른 명령을 잘 받아야 되는 신하의 모습을 상징적으로 보여주는 듯하다. 하계에는 무석인이 각각 한 마리씩 석마를 대동하고 있는데 석마는 다리가 튼튼하여 매우 힘이 세 보이고 꼬리는 바닥까지 닿아 있다. 무석인은 투구를 쓰고 갑옷을 입고 있으며 칼을 짚고 있는 경직된 부동자세로 귀마저도 커서 이성계의 부름에 귀를 잘 기울이려는 듯하다. 특히 말의 갈퀴가 매우 자세하게 표현되어 있는 것도 특징이다. 이러하듯 왕릉의 석물의 배치는 초계, 중계, 하계로 구분하여 당시의 신분의 위계질서를 나타내고 있으며, 석물들의 표정은 잠들어 있는 왕의 성격과 성품에 따라 석공이 표현하는 듯한 관계성을 느끼게 한다.

신의왕후 한씨가 잠들고 있는 북한 개성의 제릉의 장명등도 팔각의 화사석과 옥개석을 하고 있으며, 다섯 개의 고석을 받친 모습도 건원릉과 같은 모습이다. 재릉의 장명등의 옥개석은 기와골마다 용을 새겨 놓은 것이 건원릉과는 차별된 부분이다. 특히 화사석의 창문이 기단석 아래쪽에 뚫려 있는 모습을 관심 있게 보면, 후대 왕릉의 화사석 투창의 위치가 변화하고 있는 것을 알게 될 것이다.

한편 건원릉이 단릉이면서 1년에 한번 지내는 제사가 4번씩 있는 것도 신기하다. 그 이유인즉, 한번은 태조 이성계 본인의 제사고, 두 번째는 임진강 건너 개성에 있어 제사를 지내지 못하는 재릉에서 잠들고 있는 정비 신의왕후 한씨의 제사이다. 세, 네 번째는 조선 제2대 왕인 정조와 정안왕후의 후릉厚陵에 대한 제사를 지내고 있기에 특이하게도 1기의 능에 4번의 제사를 지내는 사연이 되었다.

태조 이성계는 살아생전에 자식들 간의 싸움을 눈으로 목격하여 조선을 개국한 대망의 꿈이 후회스러웠는지 모르지만, 우리 후손들에게는 세계문화유산을 세 개씩이나 물려준 왕이 되었다. 조선을 개국하고 지금의 경복궁을 창건하였으며, 종묘를 만들어 역대 선조들을 모시는 업적을 만들었다. 그리고 본인이 잠든 건원릉을 시초로 조선시대 왕들의 무덤인 조선왕릉을 세계문화유산에 올려 놓은 기틀을 제공한 장본인이기도 하다. 한편 동구릉의 재궁에 대해서는 조선 개국에 일등공신 중의 한 분이던 무학대사의 도움이 컸고, 특히, 무학대사는 아들인 태종 이방원에 대한 분노로 한양으로 얼굴을 돌리지 않았던 이성계를 한양으로 모셔왔던 분이기도 하다. 이성계는 궁내에 들어와서는 덕안전을 짓고 불교에 심취하다가 향년 73세에 한없는 일들을 뒤로 한 채 세상을 떠나게 되었다. 그리하여 아들 태종은 불교에 심취하던 아버지를 위하여 재궁으로 개경사를 두었다고 한다.

문종과 현덕왕후가 잠들고 있는 현릉

다음으로 동구릉에 잠들고 있는 왕은 조선 5대 문종과 현덕왕후의 현릉이다. 건원릉의 왼편 정자각 하나에 왕과 왕비의 능이 다른 언덕에 자리하는 동원이강릉의 형식으로 모셔져 있다. 문종은 세종과 소현왕후 심씨 사이에 태어난 장남으로 8세에 세자가 되어 29년 동안 세자에 있었으며 1450년 아버지 세종이 승하하자 왕에 올랐으나, 재위 2년만에 건강악화로 세상을 떠나게 된다. 그리고 문종과 현덕왕후 사이에 단종이 태어났는데 나중에 왕위를 찬탈한 아버지 문종의 동생, 즉 작은아버지인 세조에게 한 많은 역사를 써내려가는 비운의 왕이 된다. 문종은 현덕왕후 권씨의 죽음이 얼마나 한이 되고 슬펐는지 종묘사직을 이어야 됨에도 불구하고 11년간 혼자 살았다.

특히 현덕왕후는 세조의 큰아들 의경세자의 죽음과 현덕왕후가 꿈속에 원귀가 되어 뱉은 침에 의해 피부병이 생겼다고 생각한 세조로부터 급기야는 시신이 바닷물에 버려지는 모욕을 당한 장본인이기도 하다. 특히 그로 인해 살아서 함께하지 못한 인연이 죽어서도 좀처럼 함께 할 기회를 갖지 못하다가 결국 1513년(중종 8)에 경기도 안산에서 천장하였지만 동구릉에 와서도 합장릉이 아닌 옆 언덕에 바라다 보이는 정도에 함께 한 것으로 만족해야 하는 삶을 살게 된다.

조선시대 왕릉에서 영원히 함께하지 못하는 태조 이성계보다는 나은지 모르지만 혼자 살면서 애처롭게 그리워 하던 그리움도 끝까지 연결되지 못한 왕이 되고 말았다. 문종은 생전에는 훈민정음 창제를 도왔으며, 고려사와 고려사절요를 편찬하는 업적이 있다.

그러나 일찍 승하함으로서, 태종 이후 왕족간의 피비린내 나는 역사의 시작이 되어버린 문종의 짧은 왕위 기간과 세조의 원한이 되어버린 현덕왕후를 생각하며 홍살문 앞에 섰다. 지금부터는 문종의 동생인 수양대군이던 세조가 형님의 기를 꺾겠다고 마련한 현릉을 살펴보자.

대부분의 왕릉은 홍살문에서 정자각까지 일직선 축으로 이어지고, 정자각을 오른쪽으로 돌아 오르는 전통 예법을 따르고 있다. 그러나 현릉은 직선이 아니고 꼬불꼬불하게 꺾인 참도이다. 건축 양식적으로는 특별한 모습으로 보이나 수양대군이 만든 능이라는 내용을 알고 있는 우리는 이것마저도 곱게 만들지 않았던 것처럼 생각된다. 특이하게도 참도가 홍살문 밖까지 나와 있고, 배위도 밖의 오른편에 자리하고 있다. 실제 홍살문의 중심축은 두 능 사이를 흐르는 계곡이 되고, 정면에는 비각이 중심이 되어버렸다. 꼬불꼬불 꺾인 참도를 따라가면 정자각에 다다른다. 정자각은 익공 건물에 회랑 두 칸에, 제사공간 정면 세 칸, 측면 두 칸 크기의 맞배지붕이다. 3면의 지붕면에는 부채 모양의 나무판을 댄 방풍판이 있다. 방풍판은 박공 부분의 나무 골격을 비바람으로부터 보호하기 위해 만든 것이다. 지붕에는 양회로 바른 용마루에 독수리머리 모양을 한 취두를 올려놓고, 내림마루에는 세 개의 잡상과 용두가 올리어져 있다. 동원이강릉 형식이라 정자각은 두 능 사이에 자리하지만,

약간 문종의 능편으로 치우쳐 자리하고 있다.

정자각을 돌아 사초지의 높은 언덕 위에 조성된 문종의 능침으로 올라가 보자. 넓게 펼쳐진 사초지 위에는 곡장과 봉분 주위로 병풍석을 두르고 난간석을 설치하였다. 그리고 봉분 주위로는 양석과 호석이 한 마리씩 건너서 자리하고 봉분을 호위하듯 곡장을 바라보며 지키는 모습을 하고 있다. 눈을 휘둥그레 뜨고 있는 양석은 다리가 날씬한 대신 다리 사이를 구분하지 않고 면으로 처리한 것이 특징이다. 그리고 양석은 산양의 뿔을 가지고 귀는 약간 작게 표현하고 있으며, 머리는 수평 방향을 주시하고 있다. 호석의 경우 눈을 부릅뜨고 앞다리에 힘을 잔뜩 주고 낮게 배를 지면에 대어 금방이라도 곡장 너머로 뛰어 넘어 갈 자세를 취하고 있다. 봉분 앞에 있는 혼유석은 네 개의 북석으로 받치고 있는데, 북석의 도깨비 문양은 비바람에 풍화되어 정확한 모습을 알 수가 없다. 그러나 바닥을 받치고 있는 지대석은 좌우로 잘 조립된 배열을 보이고 있다. 한편 동쪽 언덕 위에 자리한 현덕왕후 능은 아직도 병풍석 없이 봉분 끝자락에 둘러쳐진 난간석만이 꾸며져 있다. 왕릉의 조성시기에 차이가 있음으로 해서 나타난 병풍석의 생략이다. 그러나 그 밖의 석물들은 곡장에 석양, 석호가 봉분을 지키고, 장명등과 망주석이 초계에 꾸며져 있다. 특히 이 능부터 〈국조오례의〉에 준한 양식을 따랐기 때문에 혼유석을 받치는 북석도 다섯 개에서 네 개로 바뀌면서 작아지게 된다.

장명등은 하엽을 덮은 옥계석에 지붕골마다 입을 벌리고 코까지 표현된 두 개의 용두가 올려져 있고, 지붕 끝은 꽃잎이 조각되어 있다. 옥개를 받치는 화사석에는 목조 건물의 공포인 첨차와 주두를 표현하고 있으며 화사석의 하단은 죽절마디 문양의 다리가 표현된 기단석이 받치고 있다. 옥개석과 화사석이 기단석과 일체화 된 두 개의 돌로 아름답게 조각되어 있다. 이렇게 화려하게 꾸며진 것은 불교문화의 영향이며 부도에서 기원하였다는 학설이 있다.

현릉의 문석인과 무석인

중계에는 문석인과 석마가 하계에는 무석인과 석마가 자리하고 있다. 눈여겨 볼 것은 하계와 중계 사이에는 3군데에 계단석을 놓아 문관과 무관의 위계를 표현하고 있다. 우리가 현덕왕후의 능을 가 보면, 석물은 같은 종류라도 위치에 따라 모양이 차이가 있는데, 그 이유는 만든 사람이 다르기에 표정 또한 다른지는 몰라도 사뭇 차이가 있으므로 잘 관찰하는 것이 좋겠다. 문석인의 표정도 동편과 서편에 있는 2기의 얼굴 표정이 많이 다르다. 서쪽편의 문석인은 코가 코주부이고 커다란 눈과 눈썹이 반달 모양으로 해학적이며 귀는 사람 귀와 같이 사실적으로 조각되어 있다. 그러나 동편에 있는 문석인은 귀도 크고 귓밥이 자세하게 사실적으로 표현되어 있다. 또한 눈은 옆으로 크게 떠 있는 모습이며, 입 끝이 살짝 올라간 듯하게 엷은 미소를 띄고 두터운 입술을 갖고 있다. 이들 문석인의 느낌을 보면 서편의 문석인은 우직한 느낌이고, 동편의 문석인은 현명한 모습이다. 무석인을 살펴보자. 서편의 무석인은 눈이 금방이라도 튀어나올 듯이 둥그렇게 뜨고, 아랫입술을 꾹 다문 표정으로 호기 만만한 표정을 짓고 있다. 그러나 동편의 무석인은 둥그렇게 뜬 눈 위에 눈썹이 이중으로 접히고 미간을 찌푸린 표정으로 코도 크게 벌리고 입도 꾹 담은 모습이 혹시 누구라

답답한 도시속에서 벗어나 걸어 보고픈 왕릉으로 가는 길의 고즈넉함

팔작지붕에 익랑이 붙은 정자각이 특별한 숭릉

도 얼씬거려서 묘주의 심기가 불편하게 할 경우에 혼내 줄 만반의 준비가 되어 보이는 표정을 짓고 있다.

문석인과 무석인의 옆에 서 있는 석마들의 모습을 살펴보자. 문석인 뒤에 있는 석마는 갈퀴가 없으나 무석인의 석마는 어깨너머까지 바람에 날리는 갈퀴를 표현하고 있다. 왜 같은 무덤인데 이렇게 다양한 표정으로 만들었을까. 석공이 많아서인지, 아니면 동일한 표정의 석인보다, 여기에 서 있는 석인보다 더 많은 다양한 형태의 지킴이들이 왕릉을 지키고자 했는지, 그것도 아니면 세조에게 너무나 참혹한 봉변을 당해 영혼이라도 스스로 보호해야 겠다는 석공의 마음을 전한 것인지 더 다양한 생각은 보는 사람의 마음으로 넘기고자 한다.

목릉穆陵은 건원릉의 바로 동편에 있는 능으로 조선 제14대 왕인 선조와 원비 의인왕후 박씨와 계비 인목왕후 김씨의 능이다. 목릉의 위치를 보면, 선조릉을 중심으로 본다. 원비릉이 옆에 그리고 계비 인목왕후릉이 좀 더 먼 자리에 자리를 잡고 있다. 특히 목릉은 홍살문까지 걸어가면 왕릉은 보이지 않고, 전면에 비각만이 나타난다. 그리고 좀 더 걸어 홍살문의 우측에 배위를 지나 박석이 깔린 참도를 걸어 들어가면, 서서히 넓은 능역의 사초지가 펼쳐진다.

이곳에서 참도에 왜 박석을 깔았는지 알아보자. 궁궐의 조정이나 종묘, 왕릉의 참도에는 화강암으로 된 넓적한 큰 돌들이 깔려 있는데, 이렇게 얇고 넓적한 돌을 박석이라고 부른다. 박석은 크기가 일정치 않으며 표면도 울퉁불퉁하다. 왕릉의 참도에 이런 돌을 깔았던 첫 번째 이유는 왕이 행사에 참가할 때 건물안에서 밝은 뜰 위에 서 있는 신하들을 보게 되는데, 땅에 반듯한 돌들이 깔려 있으면 눈이 부시므로 과학적으로 빛이 분산될 수 있도록 하기 위해서였다고 한다. 두 번째 이유는 당시의 왕과 관원들은 가죽신을 신었는데 미끄러운 바닥에서는 가죽신이 미끄러지기 때문에 얇은 박석을 울퉁불퉁하게 처리하여 임금님 앞에서 행여나 불상사가 벌어지지 않도록 고려했기 때문이라고 한다. 또한, 세 번째는 어도는 약간 높고 그 아래 한단 낮게 설치된 박석의 참도는 약간 바깥쪽을 향해 경사가 있거나 단을 높게 하는데, 대지와의 구분도 있겠지만, 이렇게 함으로써 비가 올 경우 박석 옆으로 물이 쉽게 흘러 빠지게 되어 배수시설을 따로 설치할 필요가 없도록 하기 위함이었다고 생각한다.

목릉으로 가는길은 산림이 짙다. 푸르른 여름날 좌우로 서어나무 군락의 짙푸른 잎사귀를 보며 걸어 들어가는 정취는 다른 왕릉에서 느끼지 못하는 아름다움을 느끼게 해 준다. 특히 물안개라도 가득한 날이면, 희미한 안개 속으로 보이는 홍살문을 영혼의 만남을 위한 세계로 갈 수 있는 문으로 착각마저 들게 한다. 목릉은 매우 넓은 공간에 세 개의 묘가 하나의 정자각을 중심으로 자리하고 있는 동원이강릉의 형태로 정자각까지는 직진하다가 좌측으로 약간 변화하는 모습의 참도를 따라가면서 만날 수 있다. 또한 목릉에서는 비각의 뒤쪽으로 원비 의인왕후와 계비 인목왕후의 능으로 이어지는 신도가 지형에 따라 꼬불꼬불 연결되어 능으로 가는 길을 안내하고 있다. 이렇게 추상적으로 이어지는 신도길은 다른 능에서 볼 수 없는 특별한 모습이다.

어떤 분이셨는지 궁금해진다. 선조는 중종의 서자인 덕흥군의 아들로 명종의 후사가 없자 명종으로부터 총애를 받던 조카 하성군, 선조를 명종의 뒤를 이어 왕으로 등극하게 하였다. 명종의 사랑을 받던 하성군, 선조가 왕위에 오르자, 사대부들에게 이슈의 빌미를 제공하게 되었고, 결국은 동인과 서인으로 나뉘어 당쟁이 시작되었다. 당쟁의 결과로 잘못된 반대 상소가 임진왜란(1592년)을 무방비 상태에서 맞게 하였으며, 뒤이어 일본은 강화회담을 빌미로 5년 후 다시 정유재란을 일으켜 조선에 커다란 어려움을 겪게 만들었다. 일본의 침입으로 각처에서는 의병이 일어나 왜군과 싸우게 되고, 이순신은 바다에서 나라를 지키게 된다. 조선시대 동안 가장 심각한 피해를 겪게 되었으나 어려울 때일수록 인물이 나온다는 속담이 있듯이 이 시기에 조선시대를 빛낸 여러 인물이 나왔다. 그 대표 인물에는 이황, 이이, 류성룡 등 성리학의 대표적인 성인들과 이순신, 권율, 묘향산의 서산대사, 건봉사의 사명대사,

홍의장군 곽재우 등이 있으며 인물을 가장 많이 배출한 시대이기에 선조라는 묘호廟號를 받는 이유도 되었다.

그 후에 사명대사는 일본에 건너가 임진왜란 때 잡혀간 포로를 데리고 귀국하였다. 이 장면을 그림으로 실은 것이 국내에 2점이 있는데, 하나는 송광사에 병풍의 그림으로 남아 있고, 하나는 월악산 신륵사의 대웅전 포벽에 그려져 있다. 특히 학문에 관심이 많았기에 각 지방마다 서원이나 향교 명륜당의 현판 글씨는 선조가 하사한 현판이 대부분이다.

조선시대의 가장 많은 왜침과 커다란 전쟁을 겪은 선조가 잠든 능침으로 올라가 그를 만나보자. 3면이 곡장이고 병풍석과 난간석을 갖춘 왕릉으로 병풍석에는 십이지상에 구름무늬를 조각하고 있으며, 네모 막대 모양의 인석이, 12방향으로 각을 잡은 병풍석의 모서리를 받치고 있다. 또한 석주 위를 봉분이 무너지지 않도록 구조적으로 지탱하고 있다. 인석의 마구리에는 아름답게 핀 꽃 봉오리를 그리고 석주 중심에는 쌍사라는 두 줄의 양각 홈줄기를 조각하여 선적 이미지를 강조하였다.

봉분을 지키는 석호는 미간에 주름을 잡고 눈을 휘둥그레 뜨고 있는 모습으로 조각되어 있는데, 입술의 모습이 각기 다른 점을 주목해 보자. 하나는 웃듯이 입꼬리가 치켜 올라가 있고, 어느 것은 입꼬리가 아래로 내려 있어 긴장된 표정을 하고 있다. 또한 꼬리도 말려진 모습이 각기 다르게 표현되어 있다. 약간씩 다른 표정을 짓고 있는 석호는 사람들이 사물을 보고, 각자 자신의 개성을 갖고 생각하는 다양성처럼 생각되어 자꾸만 비교하게 되고 눈길을 사로 잡는다. 한편, 봉분을 중심으로 전면을 보면, 괴면이 조각된 네 개의 북석을 받치고 있는 혼유석이 자리하고 있으며, 좌우 곡장 앞에는 영혼의 길을 밝혀 준다는 망주석이 좌우에 한 개씩 서 있다. 망주석의 세호도 상단부로 바짝 붙여서 조각되어 있고, 조각도 섬세하고 화려한 모습으로 표현되어 있다. 혼유석은 초계 지대석에 일치하여 단정하게 처리한 모습이다. 봉분과 혼유석 장명등이 정면으로 일직선상을 유지하고 있으며, 중계에는 하엽荷葉을 덮은 8각 옥개석의 장명등과 좌우로 문석인과 석마가 자리하고 있다. 장명등은 화

현종과
명성왕후가
잠들고 있는
숭릉의
능침과 비각

숭릉을 지키는 다양한 석수들의 모습

숭릉 석호의 표정

사석의 크기에 비해 작은 듯 투각된 화사 부분이 인상적이다. 몸돌에는 영지를 서로 엮은 듯한 문양으로 장식하고 죽절굽 사이는 풍혈을 꾸미고, 하단 부분은 화려한 꽃을 조각하여 아름다움을 더했다.

중계에 있는 문석인의 표정을 살펴보자. 눈동자가 돌출된 둥그런 눈, 턱 아래까지 받쳐진 홀笏을 잡은 손가락의 세밀한 표현, 그러나 무덤을 지키는 임무이기에 어깨는 긴장된 듯 움츠리고 있다. 하계에는 얼굴은 크고 어깨는 긴장되어 머리에 바짝 대고 있는 표정의 무석인이 자리하고 있다. 무석인의 귀를 감싸는 깃털 모양의 갑옷의 표현은 온몸을 감싸 안은 화려한 갑옷만큼이나 세련된 조각술을 표현하고 있어 자세히 볼수록 조상들의 돌을 다루는 솜씨에 감탄을 금할 수가 없다. 언제든지 달려갈 준비가 되어 있는 석마는 다리 사이에 난을 화려하게 조각해 놓았다.

한편 건너편 정자각을 바라보고 있는 의인왕후 능은 능침 뒤편의 소나무숲이 거의 없어 휑 하니 하늘을 보이고 있다. 두 분의 왕비 능에는 선조릉과는 다르게 병풍석이 없는 것이 특징이다. 의인왕후 능은 선조릉과 같은 석인들과 같은 배치와 표정을 갖고 있으나 석마와 석양의 일부가 훼손된 것이 안타깝다. 봉침을 지키는 석호는 휘둥그레진 눈과 툭 불거진 입술의 모습을 하고 있는데, 묘주에게 능침을 잘못 지킨다고 꾸중을 들은 듯한 표정이 매우 우스꽝스럽다. 그 옆에 있는 석양을 보자. 배가 통통하고 다리 사이에는 파초가 조각되어 있으며, 툭 튀어나온 눈에 뿔이 끝으로 갈수록 날카롭지 못하고 무디게 보이는 것이 봉분을 수호하기에는 부족함이 있어 보이는 표정의 석양이 자리하고 있다. 혼유석을 받치는 북석은 혼유석의 좌우측과 직각이 아닌 대각선으로 괴면의 얼굴이 향하도록 배치된 것이 특이하다. 한편, 계비 인목왕후 능에 있는 석마와 석양의 다리 사이 면은 민무늬로, 파초를 조각하지 않고 있는 것이 선조릉과 차이점이다. 한편 계비 인목왕후 능에 있는 석양은 귀가 약간 처지고 귀를 둘러 납작한 뿔을 비대하게 표현하고 있으며, 앞다리는 짧고 엉덩이는 엉거주춤 뒤로 빼고 있다.

석호의 표정을 주의 깊게 살펴보자. 입모양이 이를 드러내고 으르렁거리는 것과 콧수염에 힘을 잔뜩 넣고 으르렁거리는 두 가지 모양의 석호가 있는데, 이들에서 얼굴의 조각선이 다른 것을 발견할 수 있다. 석호의 불거진 눈동자를 보고 있노라면, 들창코에 정말 못난이처럼 보인다. 한편 문석인은 두툼한 입술에 눈 끝이 치켜 올려진 표정에 수염을 길게 늘어뜨리고 홀을 약간 아래쪽으로 잡고 있다. 특히 서편 문석인의 표정은 광대뼈가 나올 정도로 입술을 당기고 홀은 조금 더 턱 아래 대고 있다. 그리고 문석인 아래에 서 있는 무석인은 귀를 덮는 깃털 모양의 갑옷이 인상적이고, 네 개의 다리를 같은 탁자처럼 만들고 그 위에 올라 서 있다. 두툼한 코에 뚝 붉어진 두 눈, 굳게 다문 입은 근엄한 느낌을 준다. 무석인이 입은 갑옷 양 어깨에는 송곳니가 날카롭게 갑옷을 물고 있는 모습이며, 코는 크게 숨을 토하고 있다. 특히 칼집에 묶여있는 매듭술의 표현은 너무나도 사실적이어서 이것이 돌로 만들었는지 의심스러울 정도로 자연스러움이 느껴진다. 두툼한 갑옷 사이로 나온 발도 매우 작게 조각되어 앙증맞게 표현하고 있다. 한편, 조선시대 왕릉 석물들의 조각은 여러 사람이 협력하여 능을 만들기 때문에 다양한 표정과 느낌을 주는 다양성의 매력을 갖고 있다.

숭릉 석호의 표정

목릉의 세 개 봉분이 이어진 위치를 보며, 남녀 관계에 대한 의견을 답사길에서 잠시 생각해 보자. 어찌하든 두 부인의 봉분은 다른 능선에 있지만 혼유석에서 바라보면 둘 다 선조릉을 바라보게 조영되어 있다. 그러나 계비 인목왕후 능으로 가는 중간에 원비의 능을 두고 있어서, 선조의 영혼은 죽어서도 원비의 눈치를 봐야 할 듯하다. 그리고 인목왕후 능으로 가는 신도를 보면, 경계석에 박석 없이 잔디로만 심어져 있어서 영혼이 된 선조가 이 능으로

익랑이 붙은 형식이 특이한 숭릉 정자각

효심이 깊고, 자애로웠던 현종과 명성왕후의 능침, 숭릉

가기에는 너무나 멀고 불편할 것 같다는 느낌이 들도록 만들어 있다. 이것을 상상하면서 만들었을 사람들도 자신들의 일인 양 계비는 멀리 보내어야 하는 곳에 위치해 놓은 것을 생각하면 흥미롭고, 웃음이 나올 수밖에 없다. 인목왕후 능의 신도는 잔디로 되어 있는데, 밤길에 눈치 보며 걷는 길이 박석길이면 걷는 것이 부자연스러우니까 발소리 없이 살금살금 가려면은 잔디길이 좋았을 것이다. 원비릉에 올라 계비의 능을 바라보자. 계비 인목왕후 능은 소나무 숲에 가려 잘 보이지 않고 숨어 있는 듯하다. 이것을 조성한 사람들이 왕 자신은 아니었지만, 분명한 것은 계비와 한집에 있다는 것은 분명 눈치 보일 것이라는 후손들의 생각에서 만들어졌음에는 분명하니 목릉을 걸으면서, 인간 생활사의 축소판으로 보는 것은 어떨까 한다.

동구릉에서는 건축적으로 특이한 곳이 있다. 바로 정자각이다. 대부분의 왕릉의 정자각은 "정丁자" 모양의 맞배지붕으로 되어 있으면서 전면으로만 익랑으로 되어 있다. 그러나 건원릉 바로 서쪽편에 자리한 동구릉의 인조의 계비 장렬왕후 능인 휘릉과 조선 제18대 왕인 현종과 원비 명성왕후 김씨의 숭릉崇陵은 재실공간의 기본 세 칸에 좌우 한 칸씩을 달고 있다. 그러나 순릉은 "정丁자" 모양의 맞배지붕이 아닌 팔작지붕으로 되어 있다. 동구릉은 많은 왕릉이 모여 있는 것도 특별하지만, 정자각의 새로운 형태를 보여 주는 정자각의 전시장 같아서도 관심을 갖게 한다.

인조의 계비 장렬왕후 능인 휘릉을 다시 보자.

장렬왕후는 15세에 인조의 계비로 간택되어 왕비가 되었다. 그 후 26세 되던 해에 인조가 승하하면서 자의대비가 되었다. 장렬왕후는 소생이 없었고, 조용한 여생을 보내는 중에 예송논쟁, 즉 남편인 인조의 뒤를 이은 효종이 세상을 떠나면서 정치적 문제에 휘말리게 되었다. 아들에 해당하는 효종의 승하에 상복을 입는 기간을 두고 서인과 남인들의 대립의 씨앗이 되었던 분이시다. 그리고 이 문제가 해결되더니, 효종비인 인선왕후가 세상을 떠나면서, 나이는 며느리가 6살 위였지만, 며느리의 장례 문제로 또 한번의 소용돌이에

재사공간임을 의미하는 기둥아래 하얀 테두리가 그려진 숭릉 정자각 앞

휘말리게 된다. 이처럼 장렬왕후는 65세라는 평범한 나이에 세상을 떠났지만, 남편인 인조부터 효종, 현종, 숙종대까지 4명의 왕을 거치는 기간동안 살았기 때문에 발생된 웃지 못할 아픈 사연의 주인공이 되었다. 일주문을 지나 만나는 정자각의 익랑은 길게 앞으로 나와 세 칸의 모습을 하고 있으며, 전면 회랑의 방풍판도 광두정을 꼼꼼히 박아 장식하고 초화문 단청이 단아하게 칠해져 있다. 정자각 지붕 측면은 박공널을 장식하는 받침널을 도리 끝에 연결하여 아름답게 표현하고 있다. 이것만이 아니다. 건원릉에서 시작한 혼유석 받침의 다섯 개 북석이 약 260여 년이 지난 후 다시 나타나는데, 그 이유는 만들 당시 석공들이 옆에 있던 건원릉을 보면서 만들지 않았나 생각이 든다.

이 능은 건너편 선조의 능인 목릉에 있는 의인왕후 능과 인목왕후 능처럼 병풍석이 없이 난간석으로만 봉분을 감싸고 있다. 능침은 사초지가 그리 크게 잡지 않고 있어서 중계와 하계 사이의 무석인과 문석인 사이가 폭이 협소하다. 더욱이 곡장 안에도 석양과 석호가 담장에 얼굴을 닿듯이 비좁기는 마찬가지이다. 병풍석 없이 난간석만으로 꾸민 봉분의 난간석은 석주와 동자석으로 주두를 얹혀 놓았는데, 돌란대 중간 석주에도 기둥 가운데 쌍사무늬를 하고 있는 것이 특징이다. 그러하기에 하엽荷葉으로 받친 모습이 마치 꽃다발처럼 느껴지게 하는 조형미가 일품이다.

한편 봉분을 지키는 석호는 발톱도 표현되고, 송곳니까지 드러나게 포효하고 있는 표정이라 입주위에 주름도 많고 눈에 원심원을 세 개씩 그려 매우 긴장된 모습으로 조각되어 있다. 석호는 무섭기보다는 해학적이어서, 민화의 까치호랑이에 나타나는 호랑이와 많이 닮아 있다. 석양은 귀가 크고 뿔 주름을 매우 사실적으로 표현해 놓아 나이 먹은 산양의 모습을 하고 있다. 석양의 다리 사이 면석에는 활짝 핀 꽃봉오리를 조각하여 아름다움과 기품을 뽐내고 있다. 봉분 앞에 장렬왕후의 혼이 쉬는 혼유석은 갈퀴가 생동감 있게 표현된 도깨비가 4면을 바라보며 지키는 북석으로 받쳐져 있다. 또한 중계는 능침을 밝힌다는 장명등의 화사석이 모란무늬로 2단으로 꾸며져 있고, 그 위에는 추녀 끝에 여의두문을 조각한 팔각옥개석으로 되어 있다. 몇 차례 예송禮訟논쟁,

혜릉의 정자각

경종비 단의왕후가 모셔진 혜릉의 정자각

즉 자의대비이던 장렬왕후의 상복을 입는 기간을 두고 서인과 남인간의 대결로 시끄러움에 중심이었던 휘릉의 주인은 자녀도 없이 쓸쓸히 생을 마감해야 하는 한을 갖게 되었다. 후세는 혼이 되어서만이라도 아름답게 지내라는 뜻이 담겨 있듯 화사한 모란꽃이 장명등에 가득 피어 있다.

동구릉에서 조선 제16대 왕인 인조의 계비 장렬왕후의 휘릉 다음으로 조선 제18대 왕인 현종과 원비 명성왕후 김씨의 숭릉崇陵을 찾아가보자. 지금은 비공개 능으로 동구릉 가장 서남쪽에 위치하고 있다. 국가 제정을 안정화 시키는 대동법을 경기도에 시행하였으며, 북벌정책을 중단하고 내실을 다지는 뜻으로 훈련별대를 조직하여 군비증간에 힘쓰기도 하였다. 당시 대동법 시행을 표시한 대동법비는 경기도 평택시에 자리하고 있다. 그러나 생전에 사대부들의 이론 경쟁에 정신이 없었을 현종은 지금 동구릉에서 가장 호젓한 곳에 있고, 그것을 아는 왕릉 관리자들은 일반인들을 출입하는 것을 막아 좀 더 편안한 시간을 드리고 있는 듯하다. 가는 길도 산책로를 걷는 느낌이 들 정도로 소나무와 갈참나무가 무성하다. 소나무 숲의 고고한 기풍을 느끼는가 하면, 청록빛이 어우러진 갈참나무길은 햇살이라도 비치면, 신비스러운 세계 속 한 폭의 수묵화를 떠올리게 한다. 이 길은 동구릉에서 가장 좋은 삼림욕장 길이 된다. 이곳은 조선 제20대 왕인 경종의 원비 단의왕후의 능 뒤편에 해당된다. 숭릉에 잠들고 있는 현종은 효종의 첫째 아들이고, 명성왕후에서 태어난 조선 제19대 숙종의 아버지가 된다. 효종이 봉림대군일 때 중국 청나라 수도인 심양에 볼모로 잡혀 있던 시기에 태어난 왕으로 조선 왕 중에서 유일하게 외국에서 태어난 분이 된다. 이 당시는 휘릉에 잠들고 있는 장렬왕후의 예송논쟁과 맞물려 율곡학파인 서인의 송시열, 송준길 등과 퇴계학파인 남인의 허목, 윤선도 등의 복상문제가 쟁점화되던 시절이었다. 현종의 원비인 명성왕후 김씨는 아들인 조선 제19대 왕 숙종에게 사랑받던 장희빈이라는 불세출의 궁궐 여인마저 내쫓던 강한 성격의 여자였다.

금천교를 건너면 홍살문이 있고, 신도와 어도로 이어진 참도는 정면의 정자각으로 동선이 이어진다. 숭릉의 능침은 홍살문의 정면으로 팔작지붕의 정자각이 보이고, 동편으로 비각이 자리하고 있다. 정자각 지붕 위로 두 개의 봉분이 다정하게 손을 잡고 있는 쌍릉은 장명등 한 개에 혼유석을 각각 한 개씩 갖춘 능의 모습이다. 비각은 단청 없는 백골집의 형태로 목질의 은은함이 느껴지는 한 칸 건물의 홑처마 팔작지붕의 형태를 하고 있다. 비각은 굴도리의 아름다움과 추녀 끝에 나무의 부식을 막기 위해 끼워 놓은 어룡 모습의 토수기와가 장식되어 있다.

정자각은 4줄의 장대석을 이용하여 기단으로 하고 동입서출東入西出의 제사공간의 규칙에 따라 동편으로 올라가면 겹처마 팔작지붕의 이익공계의 공포에 기둥 사이는 당초문의 화반으로 꾸며져 있다. 지금까지의 선대 왕릉의 정자각은 맞배지붕 형식을 하고 있는데 숭릉은 팔작지붕이 나타나고, 재실 좌우로 익랑이 한 칸씩 붙어 있는 모습이 나타난다. 재실의 용마루에는 취두가 올려져 있고, 회랑에는 용두가 올려져 있으며, 내림마루 끝에는 두 개의 잡상이 올려져 있다. 정면으로 돌출된 세 칸의 익랑은 둥근기둥 하단에 흰 색의 단청에 푸른줄이 있는데, 이는 제사공간임을 암시하는 것이다. 정자각에서 홍살문을 향하여 바라다보면, 참도 좌우로 있어야 할 수라간과 수복방이 터만 남아 있다. 비각을 거쳐 묘주를 확인하고 능침으로 올라가 묘주를 만나보자.

난간석을 두른 두 능은 돌란대를 팔각 단면으로 하며, 난간 기둥은 모를 접어 쌍사면으로 쇠시리를 조각하고, 사각 위에 연봉을 올려놓았다. 그리고 난간동자에는 십이간지를 한자로 적어 놓아 봉분의 방향을 나타내고 있는데 자세히 관찰해야 발견할 수가 있다. 난간동자는 상하에 연잎이 덮여 있는 모습과 감싸 안은 모양의 앙련엽과 복련엽으로 되어 있다. 중간에는 동체에 고리장식을 정성스럽게 조각하여 놓았다. 두 봉분은 난간석으로 서로 만날 수 있게 연결해 놓았고 묘실끼리 연결되어 있어 살아생전에 못다 한 인연을 죽어서라도 함께하라는 뜻으로 되어 있다.

혼유석은 두툼하고 반듯한 두 개의 장대석을 지대석으로 이용하고 있으며, 북석의 도깨비는 어금니를 내밀고 아랫니와 윗니 두 개씩 내민 모습으로 눈을 휘둥그레 뜨고, 명성왕후의 눈치를 보는 듯한 표정을 짓고 있다. 이 뿐인가, 봉분을 지키는 돌로 된 석호는 이빨을 전부 드러내놓고 포효하고 있어서 입가의 주름이 잔뜩 있는 표정을 짓고 있다. 눈망울도 휘둥그레진 모습이다. 그 옆에 있는 석양은 입을 길게 내밀고 앞발을 뻐팅기며 귀를 내리고 콧김을 길게 쉬는 표정에서 성격이 있던 왕비를 아는지 매우 긴장된 모습으로 서 있다. 우리 주인님 주변에 얼씬거리면 혼난다는 표정으로 지키고 있어, 묘주의 눈치를 보는 듯하다. 긴장된 석마의 다리 사이 면석에 바람이 한쪽으로 날리는 듯한 국화꽃 모양의 활짝 핀 꽃과 한 잎의 넓적한 꽃잎 이것을 감싸 안은 난초잎 같은 잎새를 조합한 상상의 꽃이 환하게 피여 있다. 또한 귀는 쫑긋 세우고 명령을 귀담아 들으려는 표정을 짓고 있다. 왕과 왕비의 영혼길을 밝혀주는 장명등과 망주석을 받치는 기단석에는 아름다운 꽃이 조각되어 새겨져 있다. 왕릉의 석물들을 살펴보고 잠들어 있는 묘주의 살아생전의 모습을 생각해 보면, 더욱 흥미로운 답사 여행을 할 수가 있다.

혜릉 동편 무석인의 표정

숭릉을 내려오는 길에 만나는 혜릉은 조선 제20대 왕인 경종의 원비 단의왕후의 능이다. 동구릉의 아홉 개 왕릉 중에 장렬왕후와 단의왕후 두 분만이 남편 없이 홀로 잠들고 계신다. 단의왕후는 청송 심씨로 10세에 세자빈으로 책봉되고, 경종이 왕에 오르기 2년 전인 32세에 자손 없이 세상을 떠나게 된다. 혜릉은 서쪽으로 구릉이 능침까지 연결되어 감싸고 있는 형국이다. 혜릉의 능침에는 난간석이 봉분에 둘러져 있고, 주위에는 곡장을 바라보며 양석과 호석이 2쌍씩 배치되어 있다. 주춧돌의 멋스러움이 느껴지는 홍살문 우측에는 지형의 단을 이용하여 만든 배위가 자리한다. 또한 정자각 조금 못미처에서 다시 한번 단이 이루어지고 정자각 우측의 돌아 올라가는 계단이 우측편

혜릉의 능침공간

조선 제20대 왕 경종 원비 단의왕후 심씨의 안식처를 지키는 석인과 석수

혜릉을 지키는
석물들의
자신만만한
여유의
표정

닭을 나타내는 "유酉"와 개를 나타내는 "술戌"자로 방위를 나타내는 혜릉의 난간석

혜릉 무석인의 배면

으로 되어 있다. 3단의 장대석으로 만든 기단을 올라서면 두 칸의 회랑이 연결된 제사공간과 둥근 기둥을 이용하여 초익공으로 꾸며진 공포에 기둥 사이 화반을 하나씩 장식한 맞배지붕의 형식을 하고 있다.

단청은 주화머리초 장식을 하고 용마루에는 취두와 내림마루 중간까지 수키와를 연결하여 중간에 용두로 마감한 지붕으로 되어 있으며 세 개의 잡상을 올려놓았다. 하얀 백색의 양성토와 검정 기와의 대비가 아름다운 지붕을 표현하고 있다. 비각을 보면, 한 칸에 2짝의 판문을 달은 방화벽의 홑처마 팔작지붕의 건물로 기둥 위로는 단청을 하지 않고 목리가 그대로 노출된 부드러움이 느껴진다.

능침인 사초지를 올라가 보자. 처음에는 원園으로 만들어진 것이 2년 후 경종이 조선 제20대 왕으로 즉위하면서 난간석과 무관석을 세우게 되었다. 이 능은 몇가지 특징적인 면이 발견된다. 먼저 초계, 중계, 하계로 나뉘는 긴 장대석을 이용한 기단석이 보이지 않고 혼유석 앞과 문, 무석인 옆으로만 만들고 나머지는 잔디를 심은 사초지 모습이다. 난간석은 정팔각형의 돌란대와 이를 받치는 하엽의 난간 기둥이 있고 동자 기둥의 중심은 직선형의 쌍사면으로 쇠시리하고 12방향을 나타내는 십이간지十二干支를 한자로 표현하고 있다.

12방향은 봉분의 12방향을 수호하는 의미로 만들어진다. 곡장 안에 봉분을 지키는 양과 호랑이 상을 보자. 석양은 명복을 빌며 사악한 것을 물리치는 수호신으로 표정을 살펴보면, 쌍꺼풀의 눈과 뿔의 주름, 뿔을 따라 말린 귀가 표현되어 있는데 정면에서 보는 양의 표정은 매우 귀엽게 조각되어 있다. 커다란 발굽과 다리 사이의 면석에는 꽃 한포기를 표현하고 있다. 석호는 발톱까지 사실적으로 표현하고 꼬리는 어깨 위에서 말린 모습이며 어금니와 앞니를 모두 내밀고 인상을 잔뜩 찌푸리며 봉분을 지키는 긴장된 모습으로 표현되어 있다. 혼령의 길을 밝혀준다는 망주석은 비교적 아담하다. 혜릉에는 중계에 장명등이 없고, 북석에 받쳐진 혼유석만이 봉분 앞에 놓여져 있는 것이 특징이다. 중계에 서 있는 문석인은 굳게 다문 입과 어깨까지 덮인 턱수염, 턱을 받치고 커다란 홀을 잡고 있는 표정은 매우 진중한 분위기를 주

문조와 신정왕후 조씨의 합장릉인 수릉

천수를 누리며 조선후기 정권을 장악하던 신정왕후, 조대비가 생각나는 수릉

고 있다. 하계에 있는 무석인은 얼굴 전체에 털이 나 있고, 움푹 들어간 눈에 놀란 모습의 둥근 눈동자, 툭 불거진 광대뼈와 이빨이 전부 나오도록 아랫입술을 물고 있는 매우 호전적인 전사의 모습으로 봉분을 지키고 있다.

갑옷을 입고 움추린 어깨에 손은 칼등을 짚고 있는데, 칼의 아래 위로 도깨비가 조각된 손잡이를 잡고 있는 다른 왕릉 앞 무석인과는 차이가 있다. 더욱이 배면의 갑옷 사이로 나온 호랑이 꼬리 무늬는 장수의 기상을 느끼기에 충분하다. 혜릉의 무석인의 얼굴은 통일신라시대 인왕상의 표정을 많이 닮아 있으며 매우 회화성이 뛰어나다. 무석인과 문석인을 기다리는 석마의 다리사이 면석에는 파초 잎에 아름다운 꽃이 피는 모습이 조각되어 부드러운 말의 선과 잘 어울리고 있다.

혜릉을 내려와 위쪽으로 조금 걸어 올라가면 금천교를 넘어 휘릉과 방향축을 같이하는 조선 제21대 왕인 영조와 정순왕후가 잠자고 있는 원릉을 만나게 된다. 영조는 조선의 왕 중 다사다난한 기록을 가지고 있는 왕이다. 먼저 탄생에 관한 것으로 아버지 숙종과 무수리 출신 숙빈 최씨 사이에서 태어났다. 그리고 조선시대 왕 중 가장 오래 살고, 재위 기간도 가장 긴 왕으로 기록되어 있다. 또한 65세에 14살인 정순왕후를 맞이하는 기록도 갖고 있다. 손녀 같은 여자를 왕비로 맞이하게 된 영조는 승하하면서 정순왕후의 목숨만을 지켜 줄 것을 정조에게 다짐받게 된다. 그 후 정순왕후는 어린 나이에 궁에 들어 왔기에 영조의 손자인 정조보다도 오래 살았다. 또한 증손자인 조선 제23대 왕 순조가 어린 나이에 왕에 등극하자, 수렴청정을 하는 기이한 현상이 나타나기도 한다. 정순왕후는 1800년 정조가 승하하자 정조가 시도한 개혁정치를 반대하고 천주교를 탄압하는가 하면 순조가 어리다는 이유로 왕처럼 군림하던 분이였다. 조선 최대의 사연 많은 사람들의 유택이라 그런지 원릉 자리도 기구한 역사가 있는 장소이다. 이곳은 여주로 천장한 효릉이 있었던 자리이며 당시에 흉지로 물이 차는 지역이라 하여 파묘한 자리가 된다. 영조는 서오릉에 원비 정성왕후 서씨 옆에 자신이 잠들 자리를 하나의 곡장 안

수릉 문석인의 조복과 장명등의 상륜부, 난간석의 세련된 조각

에 쌍릉이 있을 자리로 만들어 놓았으나 결국 그곳은 지금도 빈자리로 남아 있는데, 이러한 사례는 조선왕릉 중 유일하다. 영조의 유언이 받아들여지지 않은 이유는 다음 왕인 정조가 아버지 사도세자를 영조인 할아버지가 어떻게 죽음에 이르게 했는지를 알기 때문에 할아버지의 뜻을 받아들여 주지 않았다고 한다.

영조의 많은 기록들을 생각하며 원릉으로 발길을 옮겨보자. 정자각으로 이어지는 신도가 넓게 펼쳐지고 옆으로 약간 작은 폭의 어도가 구분되어 있다. 박석으로 주변을 다져 놓은 참도를 걸어 들어가면 정면에 정자각이 시선을 막는다. 정자각 옆으로는 전면 세 칸, 측면 한 칸의 팔작지붕의 비각이 자리한다. 비각은 이분합 판문으로 되어 있으며, 이 안에는 세 개의 비석이 있다. 능침으로 올라가면, 곡장 안에 두 개의 봉분이 있고, 봉분 주위로는 난간석을 두르고 있으며, 장명등은 각각의 봉분 앞에 하나의 혼유석이 별도로 놓여져 있다. 그리고 망주석과 무석인 문석인, 석마가 좌우를 호위하고 있다. 봉분을 두른 곡장은 3면을 막고 있는데, 전돌로 쌓은 담장에 규칙적으로 하얀 화강석을 둥글게 깎아 장식하고 있다. 이 돌은 해와 달을 의미하고, 이는 영원함을 표현하는 의미를 갖고 있다. 곡장에 사용된 전돌은 붉은색과 회청색의 조화로움과 두께의 차이가 있는 다양한 전돌을 이용하여 매우 아름다운 모습을 간직하고 있다. 두 봉분은 난간석으로 서로 손을 잡고 있는데, 조선시대 쌍릉은 묘실 안에서도 서로 연결되어 있는 통로를 만들어 살아생전에 못다 푼 사연들을 죽어서라도 함께하라는 의미로 연결되어 있다. 봉분을 지키는 석호는 앞다리를 곧추 세우고 꾹다문 입술에 부릅뜬 눈, 쫑긋한 귀를 세운 채 담장을 직시하고 있는데 꼬리는 직선으로 앞다리 위까지 올라온 모습으로 조각되어 있다.

석양의 경우는 뿔이 머리 위쪽부터 말려 올라가고 그 안에 귀를 표현하고 있으며 풍만한 배에 얇은 앞다리의 인상적인 모습을 지니고 있다. 혼유석을 받치는 북석도 면이 거의 북의 모습처럼 가죽을 당기는 광두정을 표현하듯 구슬 무늬를 연속적인 띠모양으로 하고, 4방향에 작고 당찬 표정의 도깨비를 표현해 놓았다. 특히 원릉에서는 장명등이 팔각이 아닌 사각의 모습으로 팔작지붕의 상륜부에 연봉을 올리었다. 4면에 화창을 뚫은 화사석은 향로 다리 모양의 기단석 위에 4면이 활짝 핀 모란꽃을 조각하여 작지만 아름다운 석공의 기술을 보여 주고 있다.

지금까지 선대의 왕릉에서는 무석인과 무석인을 기다리는 석마의 다리 사이 면석에는 한 포기 꽃을 표현하였는데, 원릉에서는 2포기에 2송이의 꽃을 조각하여 장식적인 멋을 가미하고 있다. 작지만 다소곳한 표정의 문석인은 밝은 모습으로 활짝 웃는 얼굴을 하여 근엄하던 지금까지의 문석인들과는 차별성이 있다. 무석인도 무섭게만 표현하

수릉을 장식하고 있는 석인과 석수조각

원릉의 정자각과 정자각 뒤로 원릉의 능침이 보인다.

조선 제21대 왕 영조와 계비인 정순왕후가 모셔진 왕릉

망주석에 표현된 세호 곁으로 문석인과 무석인의 도열

난간석을 받치고 있는 소담스런 난간석

원릉 앞, 반듯한 정체성이 느껴지는 혼유석과 북석

예술적·역사적 가치로 본 조선의 왕릉

원릉을 지키는 다양한 모습의 석인과 석수

던 모습이 아니고, 작은 어깨에 지금 우리들의 모습처럼 보이는 체구이다. 또 하나의 특별한 것은 칼집에 도깨비 무늬는 사라지고, 보상화 문양을 칼집에 표현하고 있으며 도깨비 문양은 갑옷의 배에 장식하고 있는 점을 주목해 보자. 두건 모습의 투구도 신기하지만 갑옷을 조여 주는 매듭의 표현을 보면 돌을 나무처럼 자유자재로 조각하던 우리 선조들의 조각술에 감탄할 따름이다.

동구릉 재실에서 가장 가까이 옆에 있는 왕릉은 추존황제 문조와 신정왕후의 능인 수릉綏陵이다. 문조는 조선 제23대 왕인 순조의 첫째아들로 효명세자 시절 왕으로 오르지 못하고 22세라는 나이에 일찍 세상을 떠난 분이다. 그의 아들은 경릉에 있는 조선 제24대 왕인 헌종이다. 이 능은 양주 용마산에 있다가 1855년(철종 6)에 이곳으로 천장한 능이다. 익종으로 추존된 문조는 나중에 대한제국이 되면서 문조익황제로 부르게 되었다. 수릉은 합장릉으로 하나의 능에 함께 모셔져 있다. 특이하게도 비각안에는 두 개의 비석이 모셔져 있는데, 조선국 익종대왕 수릉에서 대한제국이 성립되고 대한 문조익황제 수릉으로 고쳐 부르면서 나타난 모습이다.

한편 능침에 모셔져 있는 석물들은 다른 왕릉과 크게 차이가 없으나 가장 조형적인 수법이 서로 닮은 것이 그의 아들 헌종의 석물들과 매우 유사하다. 그러나 경릉보다는 조형미와 섬세함이 매우 잘 갖추어져 있다. 특히 망주석의 세밀한 조각도 정교하지만, 문석인의 금관조복과 무석인의 의식용 투구인 갑주甲冑, 그뿐만 아니고 망주석의 금방이라도 움직일 것 같이 표현된 세호가 망주석 기둥의 상단까지 올라가는 세밀한 조각이 매우 인상적이다.

특히 문석인 조복의 배면을 보면, 남양주 금곡에 있는 대한제국의 황제릉에서 보이는 것처럼 6마리의 학이 서로 마주보게 조각한 것을 볼 수 있다. 또한 문석인의 입술이 약간 돌출되어 있는데, 능침을 지키는 데는 자신이 있음을 보여주는 듯하다.

원릉과 혜릉 사이의 숲길을 조금 올라가면 조선왕릉에서 유일하게 하나의 곡장안에 세 개의 봉분을 하고 있는 삼연릉 형식의 능인 경릉景陵이 나타난다.

구한말 대왕대비, 신정왕후의 권위를 감지하는 듯한 표정의 석인

세자 때 돌아가신 추존왕 문조와 조선말기 세도정치를 마감하는 역할을 한 신정왕후의 합장릉

이곳에는 조선 제24대 왕인 헌종과 원비 효현왕후, 계비 효정왕후가 모셔져 있다. 헌종은 순조의 손자로 순조의 첫째 아들 익종(효명세자)의 첫째 아들이시다. 헌종은 조선시대 왕 중 가장 어린 나이인 일곱 살에 순조의 뒤를 이어 왕위에 오르게 되는데, 너무 어려 순조의 비인 안동김씨 순원왕후에게 수렴청정을 당하게 된다. 이것이 세도정치를 낳게 되고, 헌종의 외척인 풍양 조씨와의 세력싸움으로 번지면서 조정은 하루도 조용한 날이 없게 된다. 이것을 보면 조선시대 남존여비가 사회의 중심에 있었던 것으로 보이나 이는 결혼 전의 일이지, 결혼한 후에는 여성들이 가정은 물론 국가를 좌지우지하는 사례가 비일비재했던 것으로 보인다.

그로인해 수렴청정이라는 말이 생겨난 것이다. 효현왕후와는 재위된 지 3년이 지난 열 살 되던 해에 결혼을 하였으나 후사 없이 열다섯살에 왕비가 세상을 떠나게 만다. 그 후 헌종은 후궁인 경빈 김씨와 살집으로 창덕궁 동편에 낙선재를 짓고 그곳에 머물게 된다. 헌종은 세력간의 치열한 싸움을 벌이는 과정속에서 다른 한편으로는 낙선재에서 서화를 즐기며 지냈다. 그래서 소치 허련과 완당 추사 김정희 선생 등이 헌종으로부터 사랑받는 사람이 되었다. 그러나 2년도 못되어 세상을 떠나게 된다. 헌종은 능호를 숙릉肅陵으로 정했으나 국상 중에 영부사 조인영에 의해 원비인 효현왕후의 경릉에 함께 하게 되었다. 그것도 모자라 계비인 효정왕후의 능호인 정릉正陵도 묶어 원비의 경릉으로 만들면서 지금의 경릉이 탄생하게 되는 역사적인 기록을 남기게 된다. 당시, 왕은 능호도 받지 못하고 원비의 능호를 따랐을 뿐 아니라, 왕이 승하하면 지형의 중심이 되는 중앙에 모셔져야 함에도 불구하고 효현왕후 옆자리에 정해져 버리고 말았다. 또한 계비 효정왕후가 73세로 세상을 떠날때는 1904년으로 한참 대외적으로 조선 왕실이 힘을 잃어가는 시기인지라 효현왕후 곁에 묻히게 되었다. 그래서 하나의 곡장 안에 세 개의 봉분이 만들어지는 삼연릉이 나타나게 된 것이다.

경릉의 석물 배치는 삼연릉이나 단릉의 형식의 배치를 나타내고 있으며, 난간석만을 두르고 있다. 경릉의 신도와 어도는 넓은 판석을 한 줄로 깔고 옆으로 박석을 넉넉하게 깔은 것이 특별하다. 삼릉의 형식이지만, 비각은 단칸으로 팔작지붕의 형식에 묘주의 위치를 적고 있는 하나의 표시석을 보호하고 있다. 능침에 올라서면 정자각으로부터 좌측편에 헌종의 능이고, 중앙은 원비인 효현왕후, 오른편이 계비 효정왕후가 자리하고 있다. 각각의 봉분은 하나의 곡장으로 둘러져 있고 각각 봉분마다 난간석을 두르고 있다. 난간석은 열두 칸에 돌란대를 하엽의 받침으로 받치고 있는데 연잎의 표현에 있어서 매우 사실적인 아름다움이 있다. 특히 난간석주에는 십이간지가 쓰여 있어 방위를 나타내고 있다.

그리고 봉분 앞에는 각각의 혼유석을 놓고, 중앙에는 하나의 장명등과 좌우로 무석인, 석마, 문석인, 석마가 배치되어 있다. 사각형 장명등은 팔작지붕의 형태로 박공이 표현되어 있을 정도로 세련되게 조각되어 있다. 그러나 경릉에서는 석마와 석양의 다리 사이 면석의 난초의 회화성이 일품이고, 석양이 다리는 가늘어지고 몸은 매우 비대하게 조각되어 있다. 또한 석호의 얼굴이 호랑이라기보다는 얌전한 고양이처럼 귀를 쫑긋 세우고 있는 것이 민화의 호랑이 그림처럼 느껴진다. 마지막으로는 문석인 무석인의 모습인데 얼굴 크기에 비해 체구가 빈약한 모습으로 신체 비율이 매우 부자연스러우나, 치켜뜬 눈과 툭 불거진 입술은 사실적인 인간의 표정으로 보인다. 보면 볼수록 표정이 다르게 보이는 묘한 매력이 있다. 서화를 즐기던 헌종의 마음을 아는지, 석마의 다리 사이에 그려진 난초가 완당 김정희의 그림처럼 종이에 그린 듯한 시원스런 필력이 느껴진다. 그러나 이 아름다운 석상들이 안타깝게도 상처투성이다. 무석인, 망주석, 혼유석 등에는 수많은 총알 자국의 흔적이 있다. 6.25 한국전쟁 때 전쟁의 피해가 심했던 동구릉에 많은 석물들이 전쟁의 피해를 받았으며 건물들도 손실되었다. 특히 이 경릉이 피해를 가장 심하게 받았다. 이처럼 전쟁은 이념의 전쟁으로 시작하여 결국에는 역사적인 전통성마저도 흔들리게 하는 피해를 주는 경우가 많이 있으므로 문화재를 보존하는 일은 앞으로 더 중요하리라 생각한다.

현릉 갈지자 모양의 참도

숭릉 문석인의 표정

수릉 망주석

예술적·역사적 가치로 본

조선의 왕릉

늦가을 단풍과 아름다운 조화를 이루는 정자각 추녀의 선율

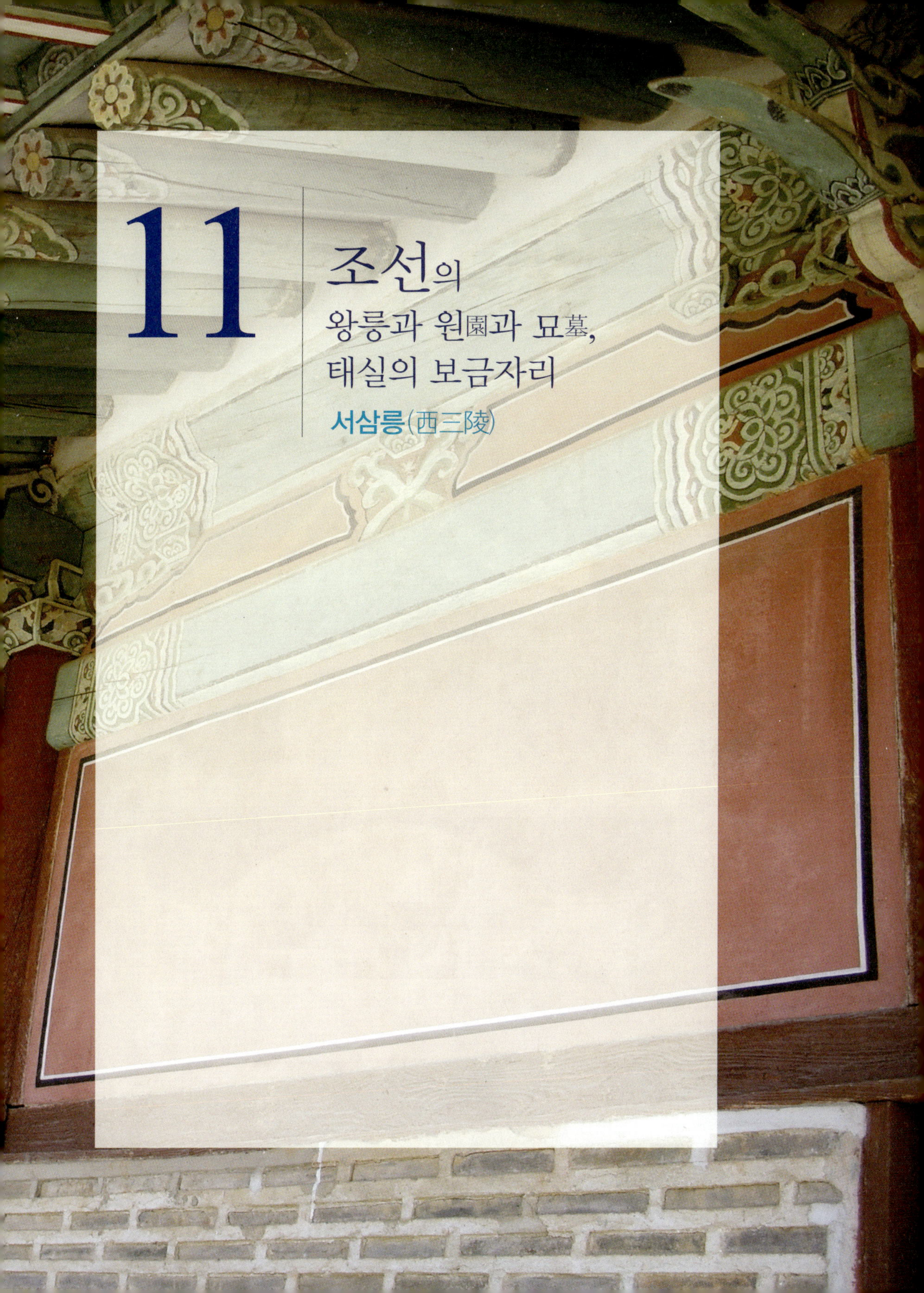

11 조선의 왕릉과 원園과 묘墓, 태실의 보금자리

서삼릉(西三陵)

효릉의 정자각

효릉의 비각

인종과
인성왕후 박씨의
안식처인 효릉의 능침

서삼릉은 서울의 서쪽인 경기도 고양시 덕양구 원당에 자리하고 있다. 원당은 드넓은 목초지와 종마장이 유명하며, 골프장으로도 유명하다. 조선시대 한양의 서쪽에 세 개의 능이 있어 이름 지어진 서삼릉은 유명한 레저 시설에 가려 넓은 초원 가운데 자리하였고 세계문화유산에 등재되기까지 그다지 알려지지 않은 서울 근교의 왕릉이었다. 조선 제11대 왕인 중종의 제1계비 장경왕후의 희릉禧陵과 조선 제12대 인종과 인성왕후의 쌍릉인 효릉孝陵, 그리고 조선 제25대 왕인 철종과 철인왕후의 능인 예릉睿陵이 자리하고 있다. 이를 합해 서삼릉西三陵이라는 능역의 이름이 정해졌다.

이곳은 조선 제13대 왕인 명종 때부터 왕실의 묘지 역할을 하여 대군, 군, 공주, 옹주 등 원園과 묘墓라는 칭호가 붙은 묘들이 거의 대부분 이곳에 모여 있는 것이 특징인 능역이다. 특히 왕실에서 출산이 있으면 묘자리처럼 전국에 명당자리를 잡고 태실이나 태봉이라 하여 석실을 만들어 주인공의 이름을 새긴 비석을 거북이 모양의 기단석 위에 세워 놓았다. 일제강점기 시절에 전국 곳곳에 세워져 있는 태실을 이곳 서삼릉에 모아 놓아 조선왕조 태실의 거의 전부가 이곳에 자리하고 있다.

한편 서삼릉에서 가장 오래된 능은 희릉으로 이곳에 잠들고 있는 장경왕후 윤씨는 원비인 단경왕후가 7일 만에 폐위되자 왕비로 오른 분으로 8년간 왕비로 있다가, 조선 제12대 왕인 인종을 낳고 산후병으로 24살에 세상을 떠난 슬픈 여인의 능이다. 중종에게 사랑을 받았지만, 조선의 왕릉들은 온전히 그 자리에 그대로 있기가 매우 어려웠다. 세도가들의 권력싸움의 희생양이 된 것이다. 희릉도 지금의 서초구 내곡동 대모산 아래에 장례를 지내려는 중에 이조판서이던 김안로가 굴광 도중 커다란 바위가 나왔지만 이를 무시하고 능을 만들었기에 흉하다고 말을 만들어 정적을 제거하는 근거가 된 분이다.

결국은 내곡동 대모산에 조성 후 22년이 지난 1537년(중종 32)천장하여 지금의 서삼릉 지역으로 옮겨오게 된 것이다. 1544년 중종이 승하하자 희릉 옆으로 중종을 모시고 능호를 희릉은 없애고 합하여 정릉靖陵이라 부르게 되었다. 그러나 중종의 제2계비인 문정왕후 윤씨는 중종이 장경왕후 옆에 잠들고 있는 것을 못내 억울해 해서 지금의 정릉인 서울 서초구 삼성동으로 옮겨 버린다. 그래서 결국 장경왕후는 다시 희릉이라는 능호를 받으면서 홀로 되었다. 일찍 죽은 것도 한이 되는데, 저승에 가서도 질투를 받아야 되는 설움 많은 왕비였다. 제2계비인 문정왕후는 장경왕후에게 태어난 조선 제12대 왕인 인종에 이어 조선 제13대 왕인 명종의 어머니이다.

한편 서삼릉의 희릉은 단릉으로 홍살문을 들어서면 지형적인 경사를 긴 장대석으로 단을 만들면서 점차적인 능침공간으로 이어지게 하였다. 비교적 넓게 만든 신도와 어도에 박석을 깔아 만들고 참도의 일직선상에 정자각과 능침을 배치하고 있다. 정자각을 동입서출하기 위해 오른편으로 돌면 팔작지붕의 비각이 자리한다. 정자각은 지금까지는 정면 세 칸, 측면 두 칸의 재실공간과 홍살문을 향해 내민 두 칸의 익랑으로 구성되었다. 그러나 희릉에서는 익랑이 한 칸 늘어나는 변형을 보이는 것을 눈여겨봐야 한다. 제향공간의 틀이 바뀌는 예로 희릉이 그 시작의 모델이 된다. 희릉 정자각의 익랑 지붕에는 잡상이 없고 재실공간의 지붕에는 내림마루에 다섯 개씩이나 잡상을 올려놓은 맞배지붕의 기와지붕이 주목된다. 정자각 뒤로는 사초지까지 박석이 깔린 신도가 눈에 들어온다. 마치 터널로 들어가는 길을 가듯이 장경왕후가 자기의 집으로 돌아가는 영혼의 길을 찾기 쉽도록 하였음일까? 전돌로 수평줄눈 맞추기로 쌓고 일정한 간격에 둥근 화강석을 넣어 해와 달을 표시하여 영원히 소멸되지 않음을 표현하는 3면의 곡장을 두고 있다. 그 곡장 안에는 봉분을 등지고 곡장을 바라보며 지키는 석양과 석호가 지킴이로 자리하고 있다. 정면에는 영혼이 쉬는 장소로 북석 위에 네모반듯한 면석으로 만든 혼유석을 두었다.

효릉은 조선 제12대 왕인 인종과 비인 인성왕후 박씨가 잠들고 있으며 한 개의 곡장안에 봉분이 둘이 있는 쌍릉의 형식을 갖고 있다. 인종은 중종과 장경왕후 사이에 태어난 분으로 5세에 왕세자가 되어 세자로만 24년이라는 기록적인 기간 동안 세자직을 맡고 있었다. 그 기간 동안 인종은 효성이 지극하

효릉을 지키는
석수와 석인들의
다양한 표정

예릉 정자각 익랑부 천장 기구

여 능호도 효릉이라 지어지게 되었다. 그러나 길었던 세자 기간과는 반대로 왕위에 오른 지 8개월이라는 조선시대 왕 중에 가장 짧은 기간 재위하는 기록을 가진 왕이 되었다. 더욱이 부인을 세 명을 두고도 자녀도 없는 4명의 왕 중에 한 분이 되었다. 나이는 30세에 승하하면서 유언으로 부모 옆에 잠들게 해 달라는 소원을 부탁하였지만, 아버지 중종의 제2계비 문정왕후 윤씨가 중종을 지금의 강남 삼성동으로 천장시키면서 어머니만 함께하는 반쪽자리 소원을 이루게 되었다. 그것만이 아니다. 인종은 왕세자일때 문정왕후로 인해 수없이 죽음의 문턱까지 가야 했던 조선시대 왕 중 계모의 설움을 가장 많이 받은 왕세자이기도 하였다. 그러나 인종은 왕에 즉위해서도 끊임없이 계모 문정왕후에게 효행을 다한 분으로 현대를 사는 우리들에게 진정한 용서를 실천함이 어떤 것인지 가르쳐 주시는 분이라고 생각한다. 그러나 문정왕후가 자신의 아들인 경원대군, 즉 인종에 이어 조선 제13대 왕이 되는 명종을 왕으로 만들기 위해 독살하였다는 소문이 전해져 오고 있다. 이를 뒷받침하는 사실은 궁궐의 약방을 책임지던 사람이 도승지인 윤원형으로 문정왕후의 동생이라는 점이다.

효릉에서는 소전대라고 축문을 태우는 장소가 개국 후 조선 제3대 왕릉인 태종과 원경왕후 헌릉까지 설치되어 있다가 사라지고 조선 제12대 왕 인종의 능인 효릉에서 다시 나타나는 것이 매우 흥미로운 변화이다.

사악함을 물리치고 명복을 빌어 주는 석양은 뿔에 사실적인 주름을 나타내고 끝이 말려 있어 나이 먹은 양을 표현하였다. 능을 수호하는 동물인 석호는 엉덩이를 바닥에 대고 포효하는 모습으로 목의 주름이 매우 크게 표현되어 있는데 이 또한 나이가 든 호랑이의 모습으로 곡장을 향해 사방을 지키고 있다. 나이 먹은 신하가 여유 있게 보살필 수 있다고 생각한 석공이 노련하고 보살핌에 연륜이 있는 동물로 표현한 듯하다. 효릉인 인종의 능에는 병풍석을 갖추고 있으나 인성왕후의 능에는 난간석만 갖추고 있어 왕과 왕비의 위계를 구분하고 있는 것처럼 보이게 만들어 놓았다.

인종의 능의 봉분을 구조적으로 지지하고 병풍석을 안전하게 잡고 있는 인석引石은 12면으로 병풍석 갑석을 잡고 있다. 인석 끝에 모란꽃과 패랭이꽃이 활짝 핀 모습으로 조각되어 아름답게 피어나고 있다. 또한 병풍석의 면석에는 구름속을 거니는 십이지신상이 조각되어 있고, 갑석과 지대석은 연화꽃이 복련과 앙련으로 표현되어 병풍석의 화려함을 유감없이 나타내고 있다. 병풍석의 면석을 자세히 보면, 구름 위를 떠다니며 12방향을 지키는 십이지신상의 표정은 문관의 모습으로 금관조복을 갖추어 입고 홀笏을 긴소매 사이로 두 손을 내밀어 잡고 있는데, 마치 부처님이 합장하는 모습과 표정이 너무나도 흡사하다.

조선왕릉의 십이지신상은 12간지의 동물의 모습이 아닌 12방향을 향하여 지키는 문관 복장을 한 사람의 모습인 것이 신라시대 왕릉에서와는 다른 모습이다. 이는 문관을 무관보다 중시하던 조선시대 사회적인 풍조이기에 문관을 새겨 놓은 것이다. 왕과 왕비는 병풍석을 하나로 묶듯이 서로 손을 잡고 다정히 잠들어 있다. 전면에 있는 혼유석에 혼령이 쉬고 있는 동안 사악한 것들이 침범하면 혼내 줄 혼유석을 받치고 있는 북석의 4면에 이빨을 드러내고 눈을 동그랗게 뜬 도깨비를 조각해 놓았다.

그리고 좌우 곡장 끝에는 망주석이 자리하고 있다. 이곳까지가 초계에 해당되는 지역으로 봉분 주인의 위계 범위에 따라 석물들이 배치된다. 중계로 내려서서 문석인의 표정을 보자. 손에 깍지를 끼고 잡은 홀은 턱을 받치고 있으며 굳게 다문 입은 반듯하게 뜨고 있는 눈매와 함께 매우 진중한 표정으로 묘주의 명령을 대기하고 있는 듯하다. 무석인은 벙거지 같은 투구에 둥근 눈과 웃는 듯한 입술이 매우 다정다감한 장수의 모습을 하고 있다. 그리고, 칼

수복방 터 너머로 보이는 일명 강화도령이라 불리는 철종이 모셔진 예릉

조선 제25대 왕 철종과 왕비 철인왕후의 안식처인 예릉의 능침

등은 도깨비 문양이 아닌 여의두문으로 장식하고 갑옷의 팔목, 요대 등에 매듭마다 꽃을 조각하고 있다. 양 어깨에는 도깨비 문양이 뚜렷하게 표현되어 있어 조상들의 아름다운 조각 기술을 마음껏 감상할 수 있는 석상이다.

조선 제25대 왕인 철종과 철인왕후가 잠들고 있는 예릉의 능역으로 발길을 돌려보자. 이곳에 잠들고 있는 주인공인 철종은 잠시 가계도를 살펴보아야 할 왕이시다. 영조왕의 사도세자인 첫째 아들 장조와 경의왕후에서 태어난 분이 정조왕이고 숙빈 임씨 사이에 은언군과 은신군의 아들을 두는데, 장남인 은언군의 셋째 아들로 전계대원군이 있었다. 전계대원군의 셋째 아들이 바로 철종이 된다. 철종은 정조의 이복동생인 은언군으로 연결되는 가계도에서 태어난 것이다.

예릉이 홍살문 앞에서부터 푸르른 말목장 초지에 인접해 있는 것도 매우 인상적인 풍경으로 봄부터 가을까지 푸르른 목장길을 따라 왕릉을 답사 할 수 있는 경치 좋은 곳이다. 요사이 고양시에서 만든 왕릉 탐방로는 한번 정도 걸어 볼만한 코스로 권장해주고 싶다. 홍살문을 바라보면 홍살문을 받치고 있는 팔각 주춧돌 돌기둥 중간에 구멍이 뚫려 눈에 들어오는데, 이러한 모습은 서삼릉의 능에서만 볼 수 있다. 이것은 주춧돌 위에 구멍을 뚫고 나무로 만든 홍살문을 세우다 보니 빗물이 기둥 아래 고여 홍살문이 자꾸 썩으므로 물이 구멍 사이로 빨리 배수되도록 만든 조상들의 지혜이다.

홍살문을 들어서면 우측편에 박석을 1평 규모 정방형으로 단을 만들어 깔은 왕이 참배시 절하는 배위가 놓여져 있다. 그리고 참도를 보면 건원릉부터 조선 제25대 철종이 잠든 예릉까지 황제의 능의 양식인 신도와 어도, 황도의 3단으로 참도가 구분되어 있다. 이러한 궁금증은 이 능의 조성시기를 살펴보면 알 수 있다. 고종 15년에 만들어진 것으로 당시는 고종이 대한제국을 생각한 시기여서 비각에 보면 "대한철인황후"라는 능의 표시가 있다. 따라서 예릉은 능상과 능침의 전체적인 분위기가 황제릉으로 바뀌어 가는 과정의 능묘제도를 볼 수 있는 아주 소중한 역사 기행이 될 수 있다. 홍살문에서 바라보면

예릉의 홍살문
석주와 예감

정자각 용마루 선상에 사초지의 능침 공간이 위치하던 선대先代 왕릉과는 다르게 사초치의 위치가 매우 낮아져 있다. 그러나 왕릉의 석물들은 낮아진 지형 때문에 한눈에 봉분이 들어올 것 같지만, 사초지 정상의 면적을 넓히고 봉분을 뒤로 물러 앉혀서 그간의 정자각에서 보이는 왕릉의 무석인의 머리만 보이는 시선의 영역은 그대로 유지하고 있다. 이는 조선왕릉의 성역화한 능침의 범위를 지키려는 석물의 배치 규율을 지켜오고 있다.

3도가 꾸며진 참도의 중간 지점 우측에는 네모난 주춧돌만 잔디 위에 남아 있는 전면 세 칸, 한 칸이었을 규모였을 수복방 자리가 남아 있다. 그리고 끝지점에는 정자각이 자리하고 우측에는 팔작지붕의 비각이 자리하고 있다.

정자각은 둥근 부채살 모양의 나무 방풍판을 단 맞배지붕의 건물로 익랑의 용마루에는 잡상이 없고 재실공간 용마루에만 다섯 개의 잡상이 올려져 있는데, 서삼릉의 재실에서만 익랑에 잡상을 올리지 않고 재실에만 꾸며진 것이 특징이다. 계단은 유교건축의 사당이나 대성전 어칸의 경우 폭을 크게 하고 협칸의 계단 폭을 좁게하여 구분하는 것이 특징으로 가운데는 신주만이 다니는 특별한 길을 만들어 놓았다. 그러나 왕릉의 정자각은 폭은 동일하나 신도는 모란 또는 구름이 조각된 우석 즉 소맷돌로 난간을 두고 소맷돌 끝에는 용수라 하여 둥글게 말고 태극무늬를 조각해 놓아 위계를 구분하는 것이 특징이다.

능침 공간의 형태는 곡장을 두고 안에 세 개의 봉분을 난간석으로 이어 손을 잡고 있듯이 꾸며져 있다. 그리고 봉분을 등지고 곡장을 향하여 앉아 있는 벽사 의미의 명복을 비는 석양과 석호는 자신들의 자리에서 임무에 최선을 다하는 모습이다. 두 개의 봉분은 각각의 혼유석을 배치하고, 좌우에는 망주석을 세워 놓았다. 능침의 두 봉분 중앙축에 맞추어 장명등이 놓여져 있다. 조선 제24대 헌종의 능인 경릉에서 4각 장명등으로 내려오던 것이 팔각 장명등으로 모양이 바뀌었다. 장명등은 조선초기에 고려 묘제를 닮은 양식이 많이 존속되는데 그 중의 하나가 장명등의 모습이다. 곡장을 향해 서 있는 석양은 눈을 동그랗게 뜨고 앞을 주시하고 있으며, 뿔과 주름이 사실적으로 표현되어 나이먹은 양을 나타내고 있다. 장명등은 팔각으로 탁자형 다리에 여의두문의 기단석과 모란꽃의 원형 화랑이 매우 아름답게 표현되어 있다. 특히 화사석의 화창 옆에는 "목숨 수"자가 조각되어 있으며, 옥개석은 서까래와 부연까지 표현되어 세밀함이 느껴지고 3겹의 지붕선에서는 곡선의 유려함이, 선각에서는 고고한 정서가 느껴진다.

왕릉에서 가장 예술성과 조형미가 있는 장명등은 사각과 팔각의 모습으로 모양을 달리하는데 조선초기에는 팔각 장명등에서 조선 중기에는 사각으로 바뀌어 추존황제 진종의 영릉까지 이어오다가 융건릉에서 제23대 순조의 인릉까지 다시 팔각 장명등으로 모양이 바뀌어진다. 그러다가 추존황제인 문조를 모신 수릉과 조선 제 24대 경릉은 사각장명등을 사용하고 철종의 예릉에서는 팔각으로 다시 바뀌어진다. 이렇게 모양이 변화되는 배경에는 불교라는 종교와 성리학의 대립 속에서 왕실의 분위기가 불교에 관심을 갖게 되면서 팔각으로 바뀌는데 영향을 준 것으로 보인다.

제26대 고종과 제27대 순종의 홍유릉에서는 다시 사각장명등으로 바뀌어

조선 제11대
중종 왕의
계비 장경왕후를
지키는
석수들의
모습

지게 된다. 사초지가 넓고 평평해서인지 중계와 하계의 단이 구분되지 않고 문석인과 무석인이 하나의 단에 배치되어 있다. 문석인의 표정을 살펴보자. 사람처럼 사실적으로 표현된 귀에 얇게 미소지으며 뜬 눈과 굳게 다문 입술에서 고지식한 문관의 모습이 보여진다. 그리고 커다란 몸집에 주름이 굵게 잡힌 관복을 입고 반듯하게 홀을 잡은 왼손을 오른손으로 덮어 살포시 잡고 있으며 턱에 홀을 받치고 있다. 관복의 요대腰帶는 오얏꽃이 조각되어 있는데 홀 아래 꽃한송이가 아름답게 새겨져 있다. 무석인의 긴장된 표정과 커다란 칼을 잡은 어깨의 균형감, 그리고 한층 여유로워 보이는 표정을 보면 무인의 기백이 느껴진다. 구름무늬의 갑옷과 연속 구슬무늬가 수 놓아진 하복의 조각은 매우 섬세하고 칼날을 물고 있는 손잡이의 도깨비 표정도 한층 아름답고 이성적인 조형감을 보여 주고 있다. 붉은 껍질과 녹색의 솔잎이 잘 어울리는 홍송紅松에 둘러쌓여 있는 예릉의 석인의 표정과 모양에서 조선 제24대 헌종의 경릉과 같은 신체 비례의 어색함이 사라지고 왕릉을 지키는 반듯한 균형감과 고지식한 능침의 지킴이의 표정에서 왕의 권위를 느낄 수가 있게 되었다.

능침을 내려오는 발걸음을 돌리면서 잠시 철종의 지나간 시간을 되새겨 보았다. 정조의 둘째 아들인 조선 제23대 왕 순조의 부인 순원왕후 김씨는 인릉이라 하여 태종의 능 옆에 자리하고 있다. 이 분의 며느리인 조선 제24대 헌종의 부인 신정왕후 조씨가 왕위를 이을 후보자를 물색하기 전에 먼저 소위 "강화도령"이라 불리는 사도세자의 증손자인 용의 자리와는 전혀 관계가 없었을 원범(철종)을 지목하여 자리에 앉히게 된다. 이것이 곧 조선말기에 나타나는 세도정치의 마지막 불꽃을 피어오르게 하는 계기를 만들어 주게 된다.

세도정치란, 중종때 조광조 등의 사림들이 민생을 안정시키기 위하여 내세운 정치이론으로 "세상을 바르게 다스리는 도리"로 시작되었는데, 순조의 아버지인 정조왕 때부터 세도를 이어받아 권력으로 독재를 자행하는 방법으로 변질되어 버렸고, 이것은 임금의 총애를 받거나 외척들이 권력을 자행하는 수단으로 사용하게 된다.

서정호(徐廷昊)

일본 규슈대학 공학과 건축학 전공(공학박사)
현재 공주대학교 문화재보존과학과 교수
(전통건축학, 문화재수복기술, 문화유적복원, 목조문화재보존)
공주대학교 문화재보존과학연구소 소장
사단법인 한국문화재보존과학회 평의원
한국기와학회 이사
하남역사연구소 이사
경기도 문화재의원(유형문화재분과)
충남 사립박물관 및 사립미술관 진흥위원회 위원

저서
문화재를 위한 보존방법론 (2009, 경인문화사)
한옥의 美 (2010, 경인문화사)
아름다운 한옥기행 (2011, 신아사)

예술적·역사적 가치로 본
조선의 왕릉

초판 1쇄 발행 _ 2013년 8월 5일

저 자 · 서 정 호
발 행 인 · 정 현 걸
발 행 · 신 아 사
인 쇄 · 한승인쇄
출판등록 · 1956년 1월 5일 (제9-52호)
주 소 · 서울특별시 은평구 녹번동 28-36번지 2F
전 화 · 02)382-6411 · 팩스 02)382-6401
홈페이지 · www.shinasa.co.kr
E- MAIL · shinasa@daum.net

ISBN 978-89-8396-815-9(93610)

정가 20,000원